우리 아이 경제 근육
용돈 훈련으로 키워요

이 책에서 사용한 양식(용돈 예산서, 용돈 계약서, 현금흐름표 등)은 http://jiandsoobook.co.kr에 접속해 <자료창고> 메뉴에서 다운로드해 사용할 수 있습니다.

우리 아이 경제 근육
용돈 훈련으로 키워요

ⓒ민인엽 2025

초판 1쇄 발행 : 2025년 7월 15일

지 은 이 : 민인엽
펴 낸 이 : 유혜규

디 자 인 : 김연옥
교정·교열 : 박인숙

펴 낸 곳 : 지와수
주소 : 서울 서초구 잠원동 35-29 대광빌딩 302호
전화 : 02-584-8489 팩스 : 0505-115-8489
전자우편 : nasanaha@naver.com
출판등록 : 2002-383호
지와수 블로그 : http://jiandsoobook.co.kr

ISBN : 978-89-97947-47-8 (13590)

* 책 값은 뒤표지에 있습니다.
* 잘못된 책은 바꿔드립니다.
* 이 책의 전부 또는 일부 내용을 재사용하려면 반드시 사전에
  저작권자와 지와수 양측의 서면 동의를 받아야 합니다.

5~13세까지
놀이처럼 재미있는 **엄마표 경제교육**

우리 아이 경제 근육
용돈 훈련으로 키워요

민인엽 지음

지와수

프롤로그

언제, 어떻게 경제교육을 시작해야 할까요?

"와 정말 멋지다. 나 저 장난감 사줘"

아이가 사달라는 장난감 가격이 생각보다 너무 비쌀 때가 있습니다. 이럴 때 어떻게 하시나요? "집에 비슷한 게 있는데 무슨 장난감이야?"라고 말하며 사주지 않아야 할까요? 아니면 "너무 비싸서 못 사줘"라고 솔직하게 말하는 것이 좋을까요?

부모라면 아이가 갖고 싶어 하는 것을 다 사주고 싶을 수 있지만 그럴 수도 없고, 그래서도 안 됩니다. 아이가 어려서 이해하기 어렵더라도 왜 원하는 것을 즉시, 다 가질 수 없는지를 설명해주는 것이 좋습니다.

그러려면 경제가 무엇인지 알려주어야 하는데 쉬운 일이 아닙니다. 경제학을 전공하거나 경제적 지식이 풍부한 부모들조차 경제교육은 쉽지 않습니다. 아이에게 어려운 경제 지식을 쉽게 전달하는 것은 무척 어려운 일이고, 돈에 대한 이야기를 할 때는 철학이 필요하기 때문입니다. 올바른 철학을 아이에게 전달하고 동의를 얻는 일은 절대 쉬운 일이 아닙니다.

강의를 하다 보면 경제교육의 어려움을 토로하는 부모들을 많이 만납니다. 저마다의 방법으로 경제교육을 시도했지만 전혀 효과가 없다고 하는 분들이 많습니다. 개중 성공하신 분들도 있지만 열 분 중 아홉 분은 실패를 경험하시는 것 같습니다.

그렇다면 대체 어떻게 경제교육을 해야 할까요? 즐거운 게임이나 놀이를 하듯 경제를 알려주는 것이 중요합니다. 아이가 일상생활을 하면서 자연스럽게 경제의 개념을 익히고, 좋은 경제습관을 갖도록 해야 하는데, 연령에 따라 방법은 조금씩 다릅니다.

경제교육은 5세부터 시작할 수 있습니다. 너무 빠르다고요? 그렇지 않습니다. 마트나 시장에서 파는 물건을 돈을 주고 사야하고, 저마다 가격이 다르다는 정도는 5세라도 충분히 알아들을 수 있습니다.

이 책은 5세부터 13세까지 각 연령별로 어떻게 교육을 할 것인지 소개했는데, 크게 다음 4가지 범주로 내용이 구성되어 있습니다.

1. 생활습관의 형성
2. 예산과 소비 결정
3. 권한과 책임지기
4. 가족문제 결정에 참여하기

주의하실 점은 이 네 범주가 연령에 따라 순서대로 진행되는 것이 아니라는 겁니다. 모든 연령에서 네 가지 범주에 대한 교육과 훈련이 기초 내용과 훈련수준을 달리하면서 계속됩니다.

여기까지 읽고 다음과 같은 걱정을 하는 분들도 있을 것입니다.

"선생님은 아이들 경제교육을 5세부터 시작하라고 했는데 우리 애는 벌써 10세야. 어떡하지? 그러면 책의 내용대로 10세부터 무조건 시작해야 하나? 아니면 5세 내용부터 시작해야 하나?"

너무 걱정하지 않으셔도 됩니다. 연령에 굳이 맞추려고 노력하지 않으셔도 됩니다. 이 책의 연령 기준과 내용은 아이들의 발달순서와 정보습득의 정도, 생활환경의 변화를 감안하여 제시한 것입니다. 하지만, 그 구분이 절대적인 것은 아니에요. 이 책의 연령 기준에 따른 경제교육의 순서와 내용은 '아이의 경제교육을 위해서는 어떤 이야기와 생활경제 훈련이 기초에 깔려 있어야 하는가'를 알려드리기 위해 구분해 놓은 것입니다. 또한, 그것을 일상에서 어떻게 적용할 수 있는지를 다양한 사례와 실천 방법을 통해 안내하고 있습니다.

즉, 아이의 연령이 시작 연령과 맞지 않더라도 다양한 사례를 통해 우리 아이에게 맞는 상황과 수준에 따른 다양한 경제교육 프로그램을 부모가 설계할 수 있도록 만들어져 있습니다. 아이들은 모두 특별하고 고유한 존재여서 단순히 연령만으로 아이를 가늠할 수는 없어요. 공부를 잘해도 경제를 이해하는 속도는 조금 느릴 수도 있고, 의외로 나이가 어린데도 어렵지 않게 경제교육을 소화하는 아이들도 있습니다. 어느 경우라도 경제교육의 기본 내용은 변하지 않습니다. 책에 실린 기본 내용을 아이에게 맞게 알려주고, 부모와 같이 연습할 수 있으면 됩니다.

그리고 무엇보다, 꾸준히 계속하는 것이 중요하답니다.

민인엽

2025년 7월

목차

프롤로그_ 언제, 어떻게 경제교육을 시작해야 할까요? ... 4

1장 | 어떻게 아이와 돈 이야기를 시작할까요?

아이와 부모, 서로 신뢰하고 있나요? ... 12
    애정과 신뢰는 다른 문제예요 ... 14
    용돈 달라는 아이, 어떻게 반응하나요? ... 16
    신뢰가 있어야 경제교육이 가능해요 ... 20

경제교육과 금융교육은 달라요 ... 24
    금융교육부터 먼저 하면 위험해요 ... 26
    경제교육의 중심에는 사람이 있어요 ... 30
    돈을 관리하는 훈련이 경제교육이에요 ... 33

돈 이야기를 할 때 지켜야 할 규칙 4가지 ... 36
    1. 정직하게 말하고 변명하지 않아야 해요 ... 38
    2. 돈의 소유권을 확실히 해야 해요 ... 40
    3. 사용권은 아이에게, 결정 권한은 부모에게 있어요 ... 43
    4. 용돈 협상의 대상과 아닌 것을 알려주어요 ... 44

2장 | 5~7세 경제교육, 가격과 가치를 알려주세요

5~7세, 경제교육을 시작할 수 있는 나이예요   50
왜 경제교육은 교환 이야기부터 시작할까요?   52
왜 돈이 교환 도구로 사용될까요?   53

5세, 가격을 알려주기부터 시작해요   56
왜 가격을 알려주어야 할까요?   58
관심을 보이는 물건 가격만 알려줘도 좋아요   60
비교하고 선택하게 해도 좋아요   61
경제교육을 할 때는 꼭 현금을 사용하세요   64
"뭐가 좋아?"만 물어서는 안 돼요   65
10대를 위한 팁 | 핸드폰 가격을 잘 알지만 전기요금은 모르는 청소년   62
민준이의 경제 성장 노트 1 | 가격 알려주기   68

6세, 가치를 따져 선택하도록 도와주세요   70
협상과 조건 걸기   72
아이의 재협상 요구에 응하는 방법   76
협상할 수 없을 때는 이유를 꼭 설명해요   80
협상 관련 FAQ   82
민준이의 경제 성장 노트 2 | 합리적인 소비 연습하기   75

7세, 직접 돈을 써보게 하세요   86
원하는 것을 얻으려면 돈이 사라져요   88
아이가 직접 소비할 때도 현금이 기본이에요   89
남은 돈, 엄마가 가져야 할까요? 아이가 가져야 할까요?   92
간식 사기 활동, 이렇게 해야 효과가 좋아요   96
민준이의 경제 성장 노트 3 | 한 달에 한 번 책방 나들이   98

3장 | 초등학교 저학년(8~10세), 용돈 훈련을 시작해요

8~10세, 돈을 제대로 다루는 훈련을 하려면 용돈이 필요해요   100
- 용돈 훈련을 시작하기 위한 준비   102
- 권한과 함께 책임도 지도록 해요   103
- 용돈 기입장, 꼭 쓰게 해야 할까요?   104

8세, 용돈 훈련을 시작해요   106
- 용돈을 주기엔 너무 이르지 않을까요?   108
- 아이가 용돈이 필요하다는데, 어떻게 하죠?   111
- 부모가 먼저 원칙과 내용을 합의해요   113
- 용돈 예산서, 아이가 쓰고 부모와 협의해요   120
- 용돈 쓰는 스타일에 따라 교육 방법도 달라져요   128
- 용돈 훈련 FAQ   135
- **민준이의 경제 성장 노트 4** | 민준아, 용돈 줄까?   118

9세, 저축을 경험하게 해 주세요   144
- 어른의 저축과 아이들의 저축은 달라요   146
- 용돈 훈련 2단계, 예산서에 저축 계획을 넣어요   148
- 저축 훈련 전, 아이와 돈의 소유권과 사용처부터 협의해요   151
- 성공적인 저축 경험을 하도록 도와주세요   154
- 저축 훈련 FAQ   160
- 9세 용돈 FAQ   164
- **민준이의 경제 성장 노트 5** | 친구에게 돈을 빌려주다   169

10세, 용돈 계약서를 작성하세요   170
- 용돈 계약서, 너무 가혹하다고요?   172
- 부모가 자주 하는 반칙, 주의하세요   174
- 본격적인 용돈 훈련을 시작해요   188
- 용돈 계약 FAQ   192

4장 | 초등학교 고학년(11~13세)
돈의 주도권을 넘겨주고 가정경제를 알려주어요

11~13세, 초등학교 고학년 아이들의 소비특징이 있어요   198
    사춘기를 대비할 필요가 있어요   200
    소비의 동조현상이 일어나는 시기에요   201

11세, 아이가 용돈 협상을 제안하게 해 주세요   204
    소비와 협상의 주도권을 갖고 싶어 하는 나이예요   206
    먼저 주도권을 넘겨주는 것이 좋아요   208
    아이가 주도하는 용돈 제안서 쓰기   212
    용돈 협상 FAQ   217

12세, 결산의 개념과 방법을 알려주세요   228
    결산을 잘 해야 다음 달 예산을 세울 수 있어요   230
    결산서 작성 실전 연습   232
    결산 관련 FAQ   238

13세, 우리 가족의 가계부를 보여주세요   240
    부모와 아이가 생각하는 가정경제 상황은 달라요   242
    부정확한 정보는 오히려 독이 될 수 있어요   245
    아이가 질문하면 솔직하게 알려주세요   247
    가정경제를 공유하기 전에 준비가 필요해요   248
    가정경제 FAQ   256
    민준이의 경제 성장 노트 6 | 엄마 우리 집은 진짜 우리 집이야?   261

에필로그_ 아이들의 행복한 미래는 경제교육이 만듭니다   262

1장

어떻게 아이와 돈 이야기를 시작할까요?

아이와 부모,
서로 신뢰하고
있나요?

아이의 경제교육을 고민하고, 시작하려고 한다면 먼저 아이와 부모의 관계가 어떤 상태인지 점검하고, 문제가 있다면 개선하는 시간이 필요합니다. 왜냐하면 경제교육은 '돈'이라는 굉장히 민감하고 예민한 주제에 대한 교육이고, 그 바탕에 반드시 '상대방에 대한 신뢰'가 필요하기 때문입니다.

애정과 신뢰는 다른 문제예요

여러분은 믿을 수 없는 사람과 돈 문제를 상의하는 일이 있나요? 아마 없을 겁니다. 그 사람이 나를 잘 아는지의 여부와는 다른 문제이죠. 누군가와 돈에 관한 문제를 상의할 때는 소득이나 부채, 자산과 같이 민감한 정보를 솔직하게 털어놓아야 합니다. 그래야 저축을 할 것인지, 위험을 대비해 어떤 보험을 들고, 어떤 금융상품에 가입하는 것이 좋은지 등의 경제적 문제를 상의할 수 있는데, 믿을 수 없는 사람과 이런 이야기를 할 수는 없습니다.

그렇다면 어떤 사람을 신뢰할 수 있을까요? 우선 경제전문가를 생각해볼 수 있습니다. 보통 저축을 할 때는 금융권에서 일하는 전문가에게 자문을 구하고, 보험을 들고 싶을 때는 보험설계사와 상의를 합니다. 개인적인 친분은 없어도 관련된 경제 문제에 대해 풍부한 지식을 갖추고 있다고 생각해 신뢰하기 때문이죠.

경제전문가는 아니지만 개인적인 경험을 통해 신뢰를 쌓은 분들과도 많이 상의합니다. 보통은 오랜 시간 알고 지내면서 그 사람이 일상의 약속을 잘 지키는 사람인지, 그 사람의 재정 상태는 안정적인지, 돈 문제와 관련하여 나쁜 일을 하지는 않는지 등을 보면서 믿을만한 사람이란 판단이 서면 경제적 고민을 털어놓게 되죠.

이처럼 우리는 돈과 관련된 문제를 고민할 때 언제나 '신뢰할 수 있는 사람'을 찾아 나섭니다. 어른들만 그런 것이 아닙니다. 아이들도 마찬가지예요.

아이와 돈 문제를 이야기할 때도 일상의 친밀함과는 다른 종류의 신뢰관계가 필요합니다. 전문성이나 직업에 대한 정보가 없고 잘 모를수록 경험에 의한 신뢰관계를 바탕으로 상대를 평가하게 됩니다. 즉, 부모와의 협상과 약속이 성립되고 지켜지는 과정을 통해 '나의 부모는 돈에 있어 신뢰할 수 있는 사람인가 또는 그렇지 않은 상대인가' 판단하게 되는 것이죠. 이것은 부모에게 가지는 애정과는 별개의 판단입니다.

부모도 마찬가지입니다. 당연히 아이를 사랑하지만 평가는 다를 수 있습니다.

"우리 아이는 돈을 헤프게 써버리는 편이에요."

"우리 아이는 자기 돈은 절대 안 쓰고 엄마 돈으로 물건을 사려고 해요. 괜찮은 건가요?"

"우리 아이는 열심히 돈을 모으는데, 어느 날 갑자기 한 번에 다 써버리곤 후회해요."

이런 이야기가 바로 부모가 아이에게 보내는 평가라고 보시면 됩니다. 이처럼 부모와 아이는 서로 판단합니다. 관계는 항상 상호적인 것입니다. 평가도 그렇습니다.

세뱃돈을 예로 들어 볼까요? 아이가 8세 정도 되었을 때, 세뱃돈을 받으면 "네가 갖고 있으면 잃어버리니까 엄마한테 맡겨"라고 말하는 부모들이 많을 것입니다. 이 경우 어떤 아이들은 순순히 돈을 맡기지만, 어떤 아이들은 "싫어, 엄마가 가질 거잖아"라면서 거절하거나 감추기도 합니다. 혹은 엄마에게는 맡기면서, 아빠에게는 맡기지 않는 아이들도 있습니다.

이런 모습은 아이가 그 동안의 경험에 의해 평가한 결과가 행동으로 나타나는 것입니다. 부모를 좋아해도 돈에 관한 신뢰가 없으면 아이들도 부모에게 돈을 맡기려 하지 않는 것이지요.

용돈 달라는 아이, 어떻게 반응하나요?

약속이나 금전관계에 대한 신뢰도 평가는 아이만 하고 있는 것이 아닙니다. 부모 역시 자신의 아이를 개별적으로 매일 평가하고 있습니다.

예를 들어 볼까요? 아이가 용돈을 달라고 할 때 어떻게 반응하시나요? 다음 4가지 예시 중 가장 가까운 것에 체크해보세요. 어떤 항목을 체크했는지를 보면 아이를 얼마만큼 신뢰하고 있는지 알 수 있습니다.

① 그래? 얼마 필요하니?(이유를 묻지 않고 달라는 돈을 모두 준다)
② 뭐하는 데 쓸려고?
③ 네가 용돈이 무슨 필요 있어? 엄마(아빠)가 사줄게.
④ 엄마 말고 아빠에게 얘기해(또는 아빠 말고 엄마에게 얘기해)

① 그래? 얼마 필요하니?(이유를 묻지 않고 달라는 돈을 모두 준다)

①번을 선택한 부모라면 아이를 신뢰하고 있다고 생각할지 모르지만 사실은 무관심한 모습입니다. 돈을 사용하는 일은 아이의 생활환경에 대한

많은 정보를 포함하고 있습니다. 어떤 친구를 만나는지, 어떤 물건을 소비하는지, 왜 그런 소비를 선택하게 되었는지, 심지어 고민하고 있는 문제가 무엇인지도 알 수 있죠. 그런데 이렇게 중요한 정보를 확인하지 않고 돈을 준다는 것은 아이에 대해 관심이 없는 것입니다.

② 뭐하는 데 쓸려고?

이런 반응을 선택한 분들은 어떨까요? 아이가 이미 돈이 필요하다고 말했는데, 왜 재차 물어볼까요? 글에서 말투와 어조를 알 수는 없지만 어쩐지 뭐에 쓸 건지, 필요한 것을 사는 건지 꼬치꼬치 캐묻는 모습이 연상되지 않나요?

아이의 질문에 바로 질문으로 답하는 모습은 아이가 미덥지 못하다는 표현일 수 있습니다. 이렇게 미덥지 못해서 되묻는 경우 대부분 어조도 좀 올라가죠. 그저 어조가 좀 달라졌을 뿐인데, 아이가 뭘 알겠느냐고요? 그렇지 않습니다. 어조가 조금만 올라가도 아이는 거절의 메시지와 그에 따른 억울함을 느끼고 표현하기도 합니다. '엄마는 내 말은 제대로 듣지도 않고, 안 된다는 얘기부터 할 준비를 한다'고 느끼는 것이죠.

이런 경우 아이는 이미 억울한 마음에 휩싸이기 때문에 부모가 그런 마음이 아니었다고 해도 제대로 부모를 이해하고 대화하기가 어렵습니다. 돈에 관한 이야기만 하면 아이랑 싸우게 되는 부모들이 제일 조심해야 하는 부분이기도 합니다.

③ 네가 용돈이 무슨 필요 있어? 엄마(아빠)가 사줄게

아마도 아이의 연령이 낮을수록 이렇게 반응하는 부모들이 많을 겁니다. 아이가 중·고등학생이라도 이렇게 반응하는 경우도 있을 겁니다.

이런 반응을 보이는 부모는 아이가 돈을 스스로 쓰는 일이 '위험하다' 혹은 '불필요한 일이다'라고 생각하는 경우가 많습니다. 아이가 직접 소비하는 것보다 더 좋은 물건을 잘 골라서 사줄 수 있는 부모가 개입하는 것이 안전하고 편리하다고 생각하는 경우가 대부분이죠.

하지만 아이는 이런 부모의 반응을 보고 '우리 부모는 나를 믿지 못해. 그래서 나에게 돈을 맡기지 않는 거야'라고 느끼게 됩니다. 아이가 '용돈 주세요'라고 말하는 것은 '나에게 돈을 자유롭게 써볼 수 있는 기회를 주세요. 나의 능력을 증명할 기회를 주세요. 나를 믿어주세요'라는 의미를 담고 있어요. 그런데 8세에도, 시간이 지나 더 자란 12세에도 부모의 반응이 변함없이 "네가 돈을 쓰는 일을 하는 건 위험해"라면 아이는 부모에게 증명하고 싶은 마음만 커지게 되겠죠. 또한 다양한 경험을 통해 배워야 할 소비의 기술을 쌓을 기회는 가지지 못하게 될 겁니다.

④ 엄마 말고 아빠에게 얘기해(또는 아빠 말고 엄마에게 얘기해)

이렇게 반응했다면 먼저 어떤 경우인지를 살펴봐야 해요. 우선, 아이의 용돈과 관련된 주된 결정과 판단을 엄마나 아빠 중 한 사람이 하는 것으로 결정하셨나요? 이렇게 결정한지 얼마 안 되었다면 아이가 익숙해지기 전이기 때문에 '용돈은 아빠(엄마)가 주기로 약속했으니 아빠(엄마)에게 이야기해)' 하고 알려주는 일은 당연하겠죠.

하지만 주된 역할을 맡은 사람이 있을지라도 아이가 다른 부모에게 이 같은 요구를 하고 있다면 아이의 마음을 살펴보기 위한 대화가 필요해요. 어쩌면 아이는 용돈을 주로 결정하는 한쪽의 부모에게 말하기 힘든 요구와 문제를 이야기하고 싶은 것일지도 모르니까요.

반대로 주된 집행 역할을 맡은 사람이 없는데 습관적으로 이렇게 답하고 있는 것이라면 부모가 서로 아이를 '핑퐁게임'처럼 떠넘기고 있는 것일지도 모릅니다. 아이와 대화를 통해 요구를 파악하고 문제의 해결을 돕기 위한 과정을 귀찮게 여기고 있는 건 아닌지 염려되는 모습이죠. 혹은 쉬운 거절의 방편으로 배우자를 방패 삼는 것일지도 모릅니다.

문제는 이런 의도를 아이가 느낀다는 것입니다. '부모가 나에게 돈을 주는 것을 귀찮아하는구나. 나를 떠넘기고 있구나. 나는 사랑받지 못하는 사람이구나'라고 생각할 수도 있어요.

이 네 가지 경우는 우리가 일상에서 흔하게 겪는 상황과 실수를 이야기한 거예요. 특히 부모의 생각이나 마음과는 다르게 아이에게 전달될 수 있는 메시지에 대한 이야기입니다. 아이가 오해하거나 상처를 받지 않도록 주의해야 합니다.

부모가 '우리 아이는 돈과 관련된 문제를 잘 해결할 수 있는 능력이 있고, 언제든지 나에게 도움을 청할 수 있어'라며 아이를 신뢰한다면 대화의 내용은 아래와 같이 달라질 거예요.

"엄마, 나 용돈주세요."
"얼마?"
"5천 원이요."
"어, 알았어. 근데 뭐하려고?"

앞선 네 가지 경우와 달리 아이가 요구하는 용돈의 액수를 먼저 확인하고, 용돈을 지급하겠다는 승낙의 의사를 먼저 보여준 뒤에 사용처를 물어보는 것으로 순서가 바뀝니다. 물론 엄마의 어조는 매우 평온해야겠죠. 그래야 아이는 차분하게 자신의 사용처를 설명하고, 큰 문제가 없는 한 거절당하지 않으리란 예상을 할 수 있습니다.

신뢰가 있어야 경제교육이 가능해요

경제교육은 자기 삶을 어떻게 살아갈 것인지에 대한 결정을 하기 위한 정보를 얻는 교육입니다. 돈과 생활을 주체적으로 관리하는 연습이라고 할 수 있습니다. 따라서 경제교육을 하려면 상당 부분 돈에 관한 이야기를 해야 하는데, 아이와 편하게 대화하기가 쉽지 않습니다. 왜 그럴까요?

저는 그 이유를 부모와 아이 사이의 신뢰가 부족하기 때문이라고 생각합니다. 돈 문제가 생기기 전에 있었던 다양한 생활 속의 대화와 문제 해결의 경험 속에서 아이와 부모 사이에 충분한 신뢰가 쌓이지 못하면 돈 이야기를 하기가 어렵습니다.

서로 신뢰하지 못하는 사이라면, 예를 들어 부모는 그냥 물어보는 건데, 아이는 믿지 못해서 캐묻는 것으로 오해할 수 있습니다. 또한 아이는 '나를 믿어주세요' 하고 사인을 보내고 있는데 부모는 '그런 게 왜 필요해?' 하고 아이의 의견을 무시하고 혼자 결정해 버리기도 합니다.

아이와 부모의 사이에서 생겨나는 상황을 여러 예를 들어 설명하는 이유는 부모가 아이와 돈 문제를 이야기할 때, 어떤 모습으로 출발해야 하는지 보여드리고 싶기 때문입니다. 많은 오해를 가지고 시작하는 것보다는 당연히 신뢰를 가지고 아이를 대할 때 출발도, 결과도 좋겠죠?

돈에 대한 교육, 경제교육을 시작할 때는 반드시 아이와 부모의 관계에 대해 살펴보는 과정이 필요합니다. 왜냐하면 돈 문제를 이야기한다는 것은 굉장히 예민하고 첨예하게 대립하는 문제에 대한 대화이기 때문입니다.

1. **누구의 소유인가? 돈의 소유권을 따지는 것!**
   → 권리와 권한이 누구 것인가
2. **누구의 주머니에서 이것이 지불될 것인가?**
   → 누가 비용을 내는가
3. **이 돈을 쓴 책임은 누구에게 있는가?**
   → 소비의 결정에 대한 책임은 누구에게 있나

이 세 가지 질문은 우리가 평생 지키고, 확인하고, 해결해가야 하는 문제입니다. 또한 돈 관리의 핵심문제이기도 합니다.

이렇게 중요하고 예민한 문제에 대한 이야기를 시작하는 것인데, 아이와 부모 사이에 대화는 통하지 않고, 신뢰도 없다면 어떻게 될까요? 교육은 성공할 수 없고, 자녀와의 관계는 더욱 나빠지기만 하겠죠. 만약 관계가 심각하게 손상된 상태라면 경제교육을 고민할 것이 아니라 가족의 관계와 신뢰를 회복하기 위한 노력을 먼저 해야 합니다.

어려서부터 차근차근 습관처럼 만드는 경제교육이 제일 좋지만, 늦은 나이에 시작해도 가능한 교육이 경제교육입니다. 그러니 서두를 필요가 없습니다. 아이가 사춘기에 들어섰거나 다양한 이유로 가족의 관계가 손상되어 있다면, 먼저 가족관계를 회복하는 것에 집중해야 합니다. 만약 설불리 시작한 경제교육이 관계를 개선하는 데 도움이 되기는커녕 오히려 악화시키고 있다면 당장 중지해야 합니다.

하지만 때로는 경제교육을 통해 손상된 가족의 관계를 회복하는 기초가 만들어지기도 합니다. 왜냐하면 아이가 가족의 경제 상황에 대한 객관적인 정보를 접하고, 이제까지 부모가 기울인 노력을 확인하는 것만으로도 부모의 상황과 고민을 이해할 수 있기 때문입니다.

부모도 경제교육을 준비하면서 서로의 경제적 가치관을 점검하고, 우리 집의 경제 상황과 미래계획을 다시 한번 공유하는 과정을 통해 아이와 조금 더 여유 있는 대화를 할 수 있는 단초를 만들어가게 됩니다. 이렇게 부모와 아이 모두 우리 집의 상황을 함께 공유하고 솔직한 대화를 시작하는 것만으로도 상대의 입장과 언어를 이해하는 상호작용이 시작될 수 있습니다.

만약 어렵다면 다른 사람과 잘 지내기 위해, 함께 일하기 위해 필요한 것을 생각해 보세요. 예의, 존중, 정직함, 협력하는 태도 등이 떠오르시죠?

경제교육은 일방적으로 지식을 전달하는 것이 아니라 돈에 대한 좋은 습관과 태도, 관리방법을 알려주는 것입니다. 따라서 경제교육을 할 때도 마찬가지로 예의, 존중, 정직함, 협력하는 태도가 필요하다는 것을 기억해 주시기 바랍니다.

경제교육을 하려면 많은 준비가 필요합니다. 가족관계가 손상되었고, 서로 신뢰가 부족한 경우라면 더욱 많은 준비와 노력을 해야 합니다. 이 책에서 소개한 다양한 적용 사례가 도움이 될 수 있을 것입니다.

경제교육과 금융교육은 달라요

"저는 아이에게 경제교육을 시키기 위해 아이 명의로 된 통장을 따로 만들었어요. 세뱃돈이나 할아버지, 할머니에게 받은 용돈을 통장에 넣고 아이에게 보여줘요. 돈이 차곡차곡 쌓이는 것을 보게 해주는 것만으로도 아이가 경제를 배울 수 있다고 생각해요."

"저는 아이에게 그냥 용돈을 주지 않아요. 심부름을 하거나 집안일을 도와줄 때 정해진 돈을 줘요. 아이도 좋아해요. 돈을 모아서 필요한 것을 직접 살 수가 있거든요."

두 경우 모두 아이에게 경제교육을 하는 방법을 말하고 있습니다. 두 분 모두 올바른 경제교육을 하고 있는 것일까요?

많은 부모가 경제교육이 필요하다고 말하지만, 구체적으로 무엇을 알려주어야 하는지에 대해서는 깊이 고민하지 않는 것 같습니다. 돈을 많이 버는 방법을 알려주고 싶은 것인지, 돈을 아껴 쓰는 방법을 가르쳐주고 싶은 것인지, 물건의 가격이나 가치를 알려주고 싶은 것인지 명확하지 않습니다. 경제교육이 무엇인지 충분히 고민하고 시작해야 올바른 경제교육을 할 수 있습니다.

금융교육부터 먼저 하면 위험해요

준호 아빠는 아이가 돌이 되었을 무렵 아이 명의로 통장을 만들었습니다. 가족이나 친척들이 아이 생일이나 어린이날에 준 축하금을 모아두기 위해서였습니다.

몇 년 모으니 금방 100만 원이 되었습니다. 그냥 두기 아까워 그 돈을 주식에 투자해 1년 만에 100만 원을 200만 원으로 불렸습니다. 100%라는 수익률이 자랑스럽기도 하고, 준호에게 경제교육을 해야겠다는 마음에 이야기합니다.

"준호야, 아빠가 네 돈 100만 원을 주식에 투자해서 200만 원으로 불려줬어. 대단하지?"

"응, 아빠 최고야. 대단해. 멋져"

대화의 내용이 참으로 훈훈합니다. 과연 준호는 아빠의 바람대로 경제에 대한 관심을 갖게 되었을까요?

준호 아빠는 경제교육을 했다고 생각하겠지만 사실 금융교육을 했다고 하는 것이 정확합니다. 물론 금융은 경제의 한 부분입니다. 금융을 이해하고 이용하는 것은 매우 중요하지만, 경제교육과 금융교육은 구분해야 합니다.

그렇다면 금융교육이란 무엇일까요? '금융(金融)'의 사전적 정의는 '경제에서 자금의 수요와 공급에 관계되는 활동'입니다. 즉, '돈이 필요한 곳에 잘 흘러갈 수 있도록 돕는 활동'을 말합니다. 따라서 금융교육이란 돈이 어떻게, 어떤 방식으로 흘러가는지에 대해 알려주는 것입니다. 돈이 부족할 때 어떻게 구해야 하는지, 필요한 돈을 구할 때 부가되는 이자는 어떻게 결정되는지, 내 돈을 맡기거나 빌려줄 때 어떤 이익을 얻을 수 있는지, 돈을 자본으로 사용할 때 어떤 상품을 이용할 수 있는지 등을 교육하는 것이지요.

재테크 혹은 투자교육은 금융교육에 속합니다. '돈이 어떻게 흘러서 나에게 올까?'를 알려주는 것이 투자교육이고, '돈이 어떻게 사람들 사이에 잘 흐르게 할까'를 국가 단위에서 고민하면 금융정책이라고 할 수 있겠죠.

금융교육과 투자교육도 필요합니다. 필요 없는 지식이 아니죠. 특히 우리는 자본주의 경제에 살고 있고, 치열한 시장경제 상태이기 때문에 금융교육도 필요합니다.

하지만 금융교육은 나중에 배우면 됩니다. 초등학생이나 중·고등학생들에게 급하게 가르쳐야 할 필요는 없어요. 오히려 아이가 경제의 원칙과 돈에 대한 건강한 가치관을 갖기도 전에 금융교육 혹은 투자교육을 먼저 배우면 부작용이 있을 수 있습니다.

금융은 사실 사람보다는 돈 자체가 흐르는 것에 관심을 가집니다. 그래서 어떻게 하면 노력을 덜 기울이고 이 돈이 잘 흘러서 잘 사용될까, 그리고 잘 불어날까에 대해 관심을 집중합니다. 그게 재테크·투자교육이죠.

그런데 아이가 재테크로 돈을 버는 일에 먼저 눈을 떠버리면 위험한 생각에 빠질 수 있습니다. 바로 노동을 통해서 돈을 버는 일을 하찮게 여기게 될 수도 있는 것이지요.

앞에서 소개한 준호 아빠 이야기를 해볼까요? 준호 아빠는 100만 원을 투자해 200만 원으로 불리기 위해 시장분석도 하고, 기업분석도 하는 등 많은 노력을 했을 겁니다. 하지만 아이가 보기엔 어떨까요? 5세, 8세 아이에게는 그냥 아빠가 며칠 컴퓨터에서 게임하는 것처럼 클릭 몇 번 한 게 다인 것 같은데 돈을 벌었다고 기억하기 쉽습니다.

아이의 나이가 10대 중후반이라고 해도 큰 차이는 없습니다. 왜냐하면 부모가 기울인 노력을 제대로 알지 못하고, 필요한 지식을 쌓는 데 드는 시간도 모르고, 감당해야 하는 손실에 대한 위험도 알지 못하기 때문입니다. 그저 '아 저렇게 주식을 몇 번 사고팔면 큰돈을 벌 수 있구나' 생각하게 됩니다. 대단히 인상적인 기억이고, 아이는 이 일을 아빠가 알려준 대로 가슴이 깊이 새깁니다.

준호가 12세가 되었을 때 아빠에게 물어볼 수 있습니다.

"아빠는 월급이 얼마야?"

일주일에 5~6일, 때로 주말까지 가족을 위해 직장에 희생한 준호 아빠는 자랑스럽게 말합니다.

"500만 원이야, 어때 많이 벌지?"

아이는 몇 년 전 기억을 떠올립니다. '그때는 며칠 만에 돈을 100만 원이나 벌었는데, 왜 한 달 내내 힘들게 일했는데 500만 원일까? 주식하면 되는데, 왜 그렇게 일하지?'

이제 아이가 어떤 오해를 하고 있는지 보이나요? 주식이든, 부동산이든 투자해서 성공하려면 대단히 많은 노력을 해야 하고, 생각보다 성공률이 높지 않습니다. 때로는 단 한 번의 실패로 모든 것을 잃을 수도 있습니다. 그럼에도 누군가 '주식투자를 해서 큰돈을 벌었다더라, 부동산 투자로 1년 만에 엄청난 이익을 봤다더라'는 이야기를 들으면 휩쓸리는 어른들이 많습니다.

아이들은 더 위험합니다. 먼저 배워야 할 노동이나 사회관계에 대한 지식 없이, '투자는 좋은 것, 무조건 성공하는 것'과 같은 환상을 가지게 되면 그것만큼 위험한 일도 없습니다.

충분히 고심하고 공부해서 재테크를 해도 실패할 수 있는데, 그런 위험성을 모르는 상태에서 금융지식을 먼저 배우거나 왜곡된 경험이 쌓이면, 노동, 노력이란 것 자체를 불신하게 되죠.

노동이 가치가 없다고 믿는 자녀에게, 노동으로 돈을 버는 부모는 어떻게 보일까요? 매일같이 출근하고 열심히 일해서 얻은 소득을 가지고 생활을 일구는 부모에게 존경심을 갖고 그 인생을 배우려 들까요? 되려 '우리 부모는 요령이 없어. 난 저렇게 아등바등 하지 않을 거야' 하는 생각을 할 가능성이 높습니다.

직업을 가진다는 것, 직장생활을 한다는 것은 단순히 월급을 받는 것만을 의미하지 않습니다. 사회적인 관계, 성취, 게다가 안정감과 건강함에 대한 보장이기도 합니다. 이런 경험이나 지식을 쌓지 못한 상태에서 투자의 성공적인 결과만 전해 들으면 매일 열심히 일하는 노동의 가치를 알기 어렵습니다. 이런 이유로 저는 경제교육을 시작할 때 투자교육을 함께 하는 것을 권하지 않습니다. 더하기와 빼기를 하고 나서 구구단을 배워야 하는 것처럼 경제교육을 먼저 확실하게 해야 금융과 투자를 올바르게 이해할 수 있습니다.

경제교육의 중심에는 사람이 있어요

경제교육이란 무엇일까요? 금융교육이 돈의 흐름, 금융상품, 투자에 대해 알려주는 것이라면 경제교육은 '사람이 필요한 것을 어떻게 구하고 사용할까 고민하는 활동'이라 할 수 있습니다.

금융교육과 경제교육의 차이

'경제'라는 단어를 살펴보면 경제교육이 어떤 것인지 알 수 있습니다. '경제(經濟)'는 사람이 생활을 함에 있어서 필요로 하는 재화나 용역을 생산, 분배, 소비하는 모든 활동을 의미합니다. 말 그대로 경제란 '사람이 필요한 것을 어떻게 구하고 사용할까'를 고민하는 것입니다. 즉, 경제는 '세상에 있는 것들이 인간에게 어떻게 사용될까? 어떤 값어치를 가질까? 어떻게 배분해야 할까?'에 대한 것입니다. 쉽게 보면, 인간에게 어떤 쓸모가 있는지, 그걸 어떻게 나누면 보다 많은 사람들이 공평하고 행복하게 만족할 수 있는지 고민하는 것입니다. 그래서 경제는 언제나 사람을 중심으로 생각합니다.

그렇다면 우리가 알고 있는 대표적인 경제구조 몇 가지를 설명해 볼까요?

① 필요한 것을 스스로 생산해서 사용하는 자급자족 경제
② 서로 필요한 것을 교환해서 구하는 물물교환 경제
③ 남는 물건을 시장에서 필요한 물건과 교환하여 구하는 시장경제
④ 필요한 것을 구하는 교환의 도구로 화폐를 사용하는 화폐경제

이렇게 경제, 경제활동을 구분하는 바탕에는 '어떤 방법으로 구할 것인가'를 정하는 문제가 놓여 있습니다. 우리는 사회적으로 이 문제를 합의하고, 개인적으로 선택하여 실행하죠. 그래서 때로 강한 사람이 살아남는 방식을 선택하기도 하고, 약자를 보호하기 위한 방법을 강구하는 신뢰와 합의에 의한 선택을 하기도 합니다. 그리고 이러한 선택을 실행하기 위해 다양한 도구를 만들어냅니다. 시장과 화폐, 신용제도 같은 것들이 바로 그것입니다.

결국 경제를 교육한다는 것은 '나는 살면서 필요한 여러 가지를 어떤 원칙으로 구하고, 만들고, 소비할 것인가. 그 과정에서 다른 사람들과 어떤 관계를 맺고, 어떤 사회적 선택을 할 것인가'에 대해 고민하고 기준을 만들어 실행할 수 있는 지식과 실행방법, 생활습관을 알려주는 것입니다.

우리가 하는 거의 모든 선택은 경제적 의미를 함께 가지고 있습니다. 몇 가지 질문을 하겠습니다.

- ☑ 연금이나 건강보험 같은 복지제도가 확충되는 것이 좋은가요? 세금을 더 내야 하는 것은 어떻게 생각하나요?
- ☑ 내 집의 가격이 오르는 건 좋은 일입니까? 내가 이사 갈 동네의 집값이 내려가는 것은 어떻게 생각하세요?
- ☑ 이제 막 직장생활을 시작하는 자녀의 월세는 얼마가 적당할까요? 집의 남는 방을 세놓는다면, 얼마를 받고 싶으세요?
- ☑ 아이에게 좋은 교육을 제공하고 싶은가요? 모든 아이에게 그래야 한다고 생각하나요? 아니면 내 아이만 더 좋은 교육을 받아야 할까요?
- ☑ 노후 자금을 준비하는 것과 자녀의 교육비를 준비하는 것 중 어떤 것이 우선일까요?
- ☑ 좋은 공교육을 위한 세금은 자녀가 있는 사람만 납부해야 하는 것은 아닐까요? 그럼, 세금을 낼 수 없는 사람은 자녀를 낳지 말아야 할까요?
- ☑ 우리나라의 국방비가 높은 것이 좋은 선택일까요? 아니면 국방비 대신 복지비를 올리는 것은 어떤가요? 아니면 소방세를 신설하는 건 어떠세요?

어떻게 답하셨나요? 가끔 앞뒤가 상반되는 선택을 한 경우도 있었나요? 이런 문제에 대한 답을 선택하는 기준은 개인의 신념이나 가치관으로 불리지만, 그 바탕에는 경제적 우선순위에 대한 결정이 함께 들어가 있습니다. 돈(금액이나 눈앞의 이익)만 생각하는 결정이 아닌 것은 당연합니다. 이를 위한 사회의 합의와 신뢰에 기반한 경제활동을 알려주는 것이 경제교육입니다.

아이에게 경제교육을 한다는 것은 아이가 어떻게 살아갈 것인지 스스로 결정할 수 있는 바탕을 만드는 교육을 하는 것입니다. 저는 그것이 작게는 자신의 수입과 지출을 잘 관리하는 것에서부터, 여러 가지 문제를 결정하는 기준과 가치관을 만들어 나가는 것까지도 포함된다고 봅니다.

돈을 관리하는 훈련이 경제교육이에요

경제교육에서 아이가 배워야 할 기술은 돈을 관리하는 방법입니다. 돈을 잘 관리하기 위해 알아야 할 지식을 알려주고 배워야 할 기술을 훈련하고 연습하는 것이죠.

그런데 돈을 관리한다는 것은 어떤 것일까요? 월급을 많이 받는 대기업에 들어가는 공부를 하는 것일까요? 창고에 차곡차곡 짐을 쌓듯이 돈을 모아서 잘 쌓아두면 되는 걸까요? 매일같이 생활비 일기를 써야 할까요? 절약의 방법을 빠삭하게 알고 있는 것을 말하는 걸까요?

제 부모님이 해주시던 이야기가 있습니다. '살아가면서 돈 문제가 안 생기는 가장 좋은 방법은 딱 두 가지인데, 하나는 사람이 자기가 번만큼만 가지고 쓰는 것이고, 다른 하나는 자기가 필요한 만큼 벌어들이는 것' 이라고요. 정말 명쾌하죠?

그런데 번만큼만 가지고 쓰는 것도 정말 힘들고, 내가 필요한 만큼 그때그때 버는 것도 정말 힘들지 않나요? 게다가 이 두 가지 원칙을 잘 알고 계셨던 제 부모님도 종종 돈과 관련하여 곤란한 경험을 많이 하셨죠. 왜 그랬을까요?

사실 이 두 가지 원칙은 한 가지 방법으로 정리됩니다. 그것은 바로 돈을 관리하는 방법을 알아야 한다는 것이죠. 자신이 버는 것을 관리하고, 자신이 필요한 것을 관리하고, 이 두 가지를 적정하게 균형을 가지도록 하는 것이 돈을 관리하는 방법입니다. 즉, 수입과 지출, 나의 욕망을 조절하는 것입니다. 다시 말하면 돈 관리는 ① 만족스런 생활환경을 유지할 수 있는 수입을 가지기 위해 노력하고 ② 쓰고 싶은 나의 욕구에 대해 점검하고 ③ 내가 얻는 소득 내에서 쓰기 위한 지출의 우선순위를 정하는 것입니다. 이 세 가지 중 어느 하나라도 빠지면 안 됩니다.

그런데 우리는 '돈 관리를 할 거야'라고 마음먹으면 ① 미친 듯이 돈을 벌려고 하거나 ② 미친 듯이 안 쓰거나 ③ 무소유를 연습하거나 세 가지 중에서 하나를 선택하려고 합니다.

① 미친 듯이 벌려고 한다는 것은 소득을 증가시키는 노력을 한다는 것이죠. 제일 쉬운 방법은 일하는 시간을 늘리는 것입니다. 직장에서 야근이나 휴일 근무를 자청한다든지, 야간이나 휴일에 아르바이트를 하거나 유튜브 크리에이터 같은 새로운 일을 시작할 수도 있을 거예요.

② 미친 듯이 안 쓰는 건 절약의 신, 짠돌이로 거듭나는 모습을 의미하는 경우가 대부분입니다. 가계부를 쓰기 시작하고, 각종 절약에 대한 팁을 섭렵하고 돈이 나가는 모임이나 외식, 쇼핑을 극도로 자제하는 모습을 보이게 되죠.

③ 무소유를 연습하는 것은 자신의 생활습관 뿐만 아니라 가치관까지 바꾸는 것이죠. 작게는 미니멀리즘(반드시 필요한 것만 소유하기, 혹은 최대한 필요한 것을 줄여서 소유하기)의 형태로 시작하면서 물건에 대한 집착이나

욕심을 내려놓기 위해 마음 수련을 하기도 합니다. 책도 많이 읽고, 집에 쌓아놓은 물건을 버리는 것으로 시작하곤 합니다. 정말 쉽지 않은 방법이지만, 드물게 삶의 방식 자체를 바꿔서 성공하는 분들이 있습니다.

세 가지 모두 돈 관리를 잘하는 것이라고 보기 어렵습니다. 돈을 관리한다는 것은 나를 잘 키워가는 것입니다. 그것도 부담스럽지 않은 방법으로, 돈과 관련해 사고가 나지 않으면서도 나의 생활 만족도가 가능한 떨어지지 않도록 균형을 맞추어가는 것이 관리입니다. 이처럼 필요한 경제의 개념과 기술을 배우고 연습해서 습관이 되도록 만들어 주는 것이 경제 교육 훈련입니다.

다만 이러한 훈련을 할 때 시행착오를 두려워해서는 안 됩니다. 아이마다 성향이 다르고, 부모와의 관계가 다르기 때문에 같은 기술과 규칙이라 할지라도, 각각의 아이들에게 맞는 방법으로 고치고 조정하는 시간과 연습이 필요합니다. 어떤 아이는 가격을 알려주는 과정이 더 필요할 수도 있고, 어떤 아이는 예산을 세우는 건 쉽지만 결산은 어려워하고, 어떤 아이는 성과목표를 주고 경쟁하듯 만들어 주는 것이 더 좋을 수도 있습니다.

이런 차이를 알아가고 아이에게 맞는 훈련 방법을 찾기 위해 필요한 것이 '시행착오'입니다. 훈련과정의 시행착오는 아이와 부모 모두가 겪게 되니 두려워하거나 여기에 드는 비용과 시간을 아까워하지 말아야 합니다.

돈 이야기를 할 때 지켜야 할 규칙 4가지

경제교육을 하기 위해서는 아이들과 돈 이야기를 해야 하는데, 쉬운 일이 아닙니다. 사실 어른들끼리 돈 이야기를 하는 것도 어렵습니다. 자칫 잘못 이야기하면 오해가 생기거나 신뢰를 잃을 수도 있습니다. 그래서 돈 이야기를 할 때는 신중해야 하는데, 아이들과 할 때는 더더욱 그렇습니다.

돈 이야기를 잘 해야 경제교육도 순조롭게 진행됩니다. 그렇다면 어떻게 돈 이야기를 해야 할까요? 어떤 경우에서든 다음 4가지는 꼭 지켜야 합니다.

1. 정직하게 말하고 변명하지 않아야 해요

우선 최대한 정직하고 솔직하게 이야기해야 합니다. 변명하지 않는 것도 중요합니다. 예를 들어볼게요, 용돈을 줄 때 상황입니다.

아이에게 용돈을 줄 때는 '용돈 계약서'를 쓰는 것이 좋습니다. 용돈 계약서에는 용돈을 지급하는 시기(날짜나 요일), 지급하는 방법까지 적도록 되어 있습니다. 하지만 용돈을 주다 보면 용돈 지급 일자를 지키지 못하는 경우가 종종 발생합니다. 해당 일자에 시간이 없었거나 현금이 마침 없거나 등등 이유는 다양하죠.

제 날짜에 용돈을 주지 못할 수도 있습니다. 하지만 약속을 지키지 못한 것에 대해 사과를 해야 하는데, 그냥 넘어가는 부모들이 많습니다. '살다 보면 정신없고 여의치 않아서 지키지 못할 수도 있지, 그 정도 작은 일에 일일이 사과까지 해야 하느냐'고 생각하실 수도 있습니다. 하지만 입장을 좀 바꿔 생각해 볼까요?

직장에 다니는데 사장이 월급날이 지났는데도 월급을 주지 않고 아무 말이 없습니다. 참다못해 "사장님 월급은요?"라고 물었더니 사장이 대답합니다.

"나중에 줄게, 지금 현금이 없네, 넌 뭐 큰돈도 아닌데 나를 그렇게 재촉하고 그러냐?"

당연히 화가 나겠죠? 꼭 월급이나 빌려준 돈을 받는 일이 아니어도 상대방이 약속을 지키지 않으면 당연히 사과해야 한다고 생각합니다.

아이들도 마찬가지입니다. 용돈 계약서를 작성하고, 용돈의 지급 일자와 지급 방법을 명시한 것은 아이와 약속을 한 것입니다. 그런데 부모가 아이 용돈을 약속된 날짜에 주지 않고 다음과 같이 이야기하면 어떨까요?

"나중에 줄게, 엄마가 지금 현금 없다는데 넌 그렇게 잠시를 못 참고 조르고 난리니? 참을성이 없는 게 문제야. 너는"

아이가 억울하고 화가 날 것 같지 않으세요? 당연히 부모가 상황을 설명하고 양해를 구할 것(사과할 것)이라고 생각했던 아이의 입장에서는 사과도 없고, 상황 설명은 너무 간단하고, 심지어 참을성과 이해심이 없다는 비난까지 받은 것입니다. 이처럼 부모가 가볍게 내뱉은 말에 신뢰가 떨어지고 아이는 상처를 받을 수 있습니다.

돈 관계는 채무와 채권으로 표현될 수 있습니다. 그것이 월급이든, 용돈이든 주기로 약속한 거니까 줘야 할 의무가 있는 거예요(계약을 맺은 것이라고 생각하셔야 합니다). 월급은 상응하는 노동을 조건으로 한 것이고, 용돈은 그런 조건을 붙이지 않은 것뿐이죠.

약속을 지키지 못하는 부득이한 경우가 발생할 수는 있지만, 사과하지 않거나 이상한 변명을 늘어놓지 않는 것이 좋습니다. 이것이 아이를 존중하는 것이고 부모가 솔선수범해야 아이에게 '경제교육, 돈 관리 훈련' 과정을 성실하게 수행하도록 요구할 수 있습니다. 부모는 약속을 지키지 못하면서 아이에게만 지키라고 할 수는 없겠죠?

2. 돈의 소유권을 확실히 해야 해요

돈의 주인이 누구인지(소유권)를 확인하는 일은 왜 중요할까요? 소유자가 누구인지 알아야 돈을 사용할 수 있는 권한과 책임이 누구에게 있는지를 알 수 있기 때문입니다.

돈은 누구의 것일까요? 돈은 그 돈을 얻는 데 합당한 노력을 기울인 사람의 것입니다. 예를 들어 길에서 잃어버린 돈은 잃어버린 사람과 주운 사람 중 누구 것일까요? 또한 임금은 노동자와 사업주 중 누구 것일까요? 이 질문에 대한 답을 생각해 보면 '돈의 주인은 그 돈을 얻는 데 합당한 노력을 기울인 사람'이라는 의미가 이해될 것입니다.

아이들이 받는(갖게 되는) 용돈은 크게 세 가지 종류입니다. 각각 소유권이 누구에게 있는지 살펴볼까요?

부모에게 받는 용돈

우선 아이들이 부모에게 받는 용돈은 누구의 것일까요? 돈의 소유자를 따질 때 중요한 기준은 '그 돈을 얻는 데 노력한 사람이 누구인가'입니다. 이런 기준에서 볼 때 아이들이 받는 용돈은 아이의 것이 아닙니다. 용돈을 주기 위해, 가족의 생활비를 벌기 위해 노력한 부모의 것이죠.

아이는 용돈을 벌기 위해 아무 노력도 하지 않았습니다. 용돈기입장을 쓰는 것은 용돈을 받기 위한 노력이 아닙니다. 자기 돈의 사용내역을 기록하는 것이죠. 용돈기입장을 쓰는 게 용돈을 받는 '대가'라고 생각하는 건, 우리가 가계부 쓰면 생활비가 들어온다고 생각하는 것과 같습니다. 말이 안 되죠?

아이에게 주는 용돈의 소유자는 부모입니다. 그래서 이 돈을 어떻게 사용할 것인지에 대한 결정권도 역시 부모에게 있습니다. 소유자가 부모이기 때문에 용돈을 줄지, 안 줄지 결정하는 권한도 부모에게 있는 것이지요. 물론 아이와 협상도 하고, 아이에 맞춰서 조절도 해 주지만, 최종적인 결정권을 가진 사람은 아이가 아니라 부모입니다.

아이가 외부에서 받는 용돈

세뱃돈처럼 명절이나 특별한 날에 주변 어른이 선물을 주듯 아이에게 용돈을 주기도 합니다. 이러한 용돈은 생각보다 금액이 크고, 조금만 모으면 목돈이 되기도 합니다. 액수와 상관없이, 이 돈은 누구의 소유일까요? 당연히 아이입니다.

선뜻 이해하지 못하거나 아이에게 소유권이 있다는 것을 인정하기 어려운 부모들이 있을 겁니다. 이유는 다양합니다.

"우리 아이는 세뱃돈 받으면 10만 원은 금세 넘어가는데, 이렇게 큰돈을 그냥 아이에게 준다고? 위험하지 않을까?"

"돈의 주인이 합당한 노력을 기울인 사람이라고 했는데, 아이가 무슨 노력을 했다는 거지? 내가 예쁘게 입혀준 옷 입고 인사 한 번 한 걸 합당한 노력이라고 인정해 줘야 하는 건가? 내가 예쁘게 꾸미고 키우고 데려갔으니 내가 더 노력한 거 같은데? 그럼 내가 가져가는 게 맞는 거 아닌가?"

"어차피 내가 잘 모아뒀다가 아이가 어른 되면 줄려고 하는데, 아이가 자기 돈이라고 자꾸 달라고 하는 것도 힘들고, 설명하기 귀찮은데 이걸 아이 돈이라고 알려줘야 하나?"

부모라면 당연히 할 수 있는 생각이지만 그래도 변함없이 세뱃돈이나 선물 같은 용돈은 '아이의 돈'입니다.

아이가 따로 아르바이트를 해서 번 돈

이 돈은 당연히 아이의 돈이 맞습니다. 여기에는 이견이 없으시죠? 다만, 노동에 합당한 대가인지에 대해서는 역시 다양한 의견 차이가 있을 수 있습니다. 이 문제는 뒤에서 용돈 이야기를 할 때 좀 더 자세히 이야기하겠습니다.

이처럼 아이가 갖게 되는 돈은 종류에 따라 소유권이 부모에게 있을 수도 있고, 아이에게 있을 수도 있습니다. 아이는 모르더라도 부모는 이 세 가지 돈의 소유권이 누구에게 있는지 명확히 알고 계셔야 합니다. 그래야 소유의 권한에 따른 사용의 차이, 책임을 지는 방법과 돈 관리 교육을 위한 원칙을 세울 때 고민해야 할 것들을 아이에게 설명하실 수 있게 되니까요.

3. 사용권은 아이에게, 결정 권한은 부모에게 있어요

앞에서도 이야기했듯이 부모가 아이에게 주는 용돈의 소유권은 부모에게 있습니다. 부모가 노력해 번 돈의 일부를 아이에게 나누어주는 것이 '용돈'이죠. 용돈을 준다는 것은 부모에게 있는 소유권을 사용권한과 함께 아이에게 넘겨주는 것을 의미합니다.

왜 아이에게 용돈을 줄까요? 이유는 분명합니다. 아이에게 돈을 사용하는 법, 다시 말해 소비의 기준과 돈쓰기의 기술을 알려주고 훈련하기 위해 주는 것입니다. 그러니까 아이들 용돈의 소유권은 부모에게 있지만, 사용법을 익히기 위한 교육을 위해 사용권을 넘겨주는 것입니다. 한마디로 용돈은 '돈 관리법을 배우기 위한 훈련'이라는 조건이 붙어있는 돈인 셈이지요. 따라서 사용권은 넘기지만 이 훈련을 계획하고 실행하는 결정은 부모가 하고, 용돈과 관련된 결정의 최종권한은 부모에게 있다는 사실을 확인시켜 주어야 합니다.

이렇게 용돈을 주는 목적이 무엇인지 부모가 제대로 인지하고, 아이에게 설명하지 않으면 아이들도, 부모들도 착각에 빠져 혼란스러울 수 있습니다. 가장 많이 하는 오해 중 하나가 아이들이 용돈이 자기 것이라고 생각해 마음대로 써도 되는 돈이고, 부모는 당연히 풍족한 용돈(친구들과 비교해서)을 주어야 한다고 착각하는 것입니다.

부모도 같은 착각을 하고 있는 경우가 생각보다 많습니다. 아이가 "엄마~ ○○이는 용돈 ○○원 받는데, 나만 용돈이 이게 뭐야~"라며 투정하면 죄책감을 느끼고, 아이의 용돈 금액을 올려주어야 하는지 고민하게 되는 것이죠.

그래서 부모들은 "아이들 용돈은 얼마가 적당한가요?"라는 질문을 많이 합니다. 저는 언제나 "아이가 얼마를 관리할 수 있다고 생각하세요? 생각하신 금액을 출발점으로 하시고 아이와 협상을 시작하시면 됩니다" 라고 대답합니다.

아이나 부모가 이런 착각을 하는 이유는 용돈의 의미가 무엇인지, 왜 주려고 하는지, 어떻게 사용하고 관리하는 방법을 가르쳐야 하는지에 대해 확인하고 알려주지 않았기 때문입니다. 용돈을 주는 이유와 목적이 '훈련'이라는 사실을 기억하면 다른 아이의 용돈과 비교할 이유가 없고, 오해와 불필요한 고민에 빠지지 않을 수 있습니다. 그래서 아이에게 돈에 대해 설명하면서 소유권에 대해, 사용권한에 대해 나누어 설명하고 보호자인 부모의 권한과 역할을 꼭 알려주어야 합니다.

4. 용돈 협상의 대상과 아닌 것을 알려주어요

아이와 용돈의 사용처·금액·저축 계획에 대한 협상을 하다 보면, 아이는 나름 자신의 욕구를 채우기 위한 협상을 제안합니다. 부모 역시 용돈을 주기 시작하면 용돈이 아이의 행동을 제한하고 교정하는 데 효과적인 도구라는 것을 깨닫게 됩니다. 그래서 부모나 아이 모두 일상에서 합의와 원칙이 필요한 문제마저도 용돈을 도구로 쉽게 해결하려는 모습을 보일 때가 있습니다.

예를 들면 이런 것들이죠.

"너 이렇게 엄마 말 안 듣고 버릇없이 굴면 이번 용돈 안 줄 거야!"

"이번 시험공부 열심히 하면 용돈 올려줄게"

"엄마, 내가 이번 시험에 성적 잘 받으면 보너스 줄 거야? 용돈 올려줄 거야?"

"나 평소에 준비물이랑 숙제 열심히 할 거니까 용돈에 피시방 가는 돈 넣으면 안돼요?"

"엄마, 이번에 ○○휴대폰 할인한데요. 나 용돈 모은 거 얼마 있는데, 그거 보태서 사주면 안 돼요?"

이런 질문과 협상 제안에 대한 유혹을 느낄 때(아이의 요청이든, 부모가 원하는 것이 생겼든 상관없이) 부모에게 필요한 것은 교육적 원칙입니다.

우선 아이와 협상에 들어가기 전에 부모 사이의 합의와 의견통일이 필요합니다. 엄마는 '아껴 쓰고 저축하라'고 이야기를 하는데, 아빠는 '맘대로 써, 부족하면 엄마 몰래 이야기해'하고 말하면 안 됩니다. 부모가 아이에게 상반된 메시지를 보내면 교육적 효과는 마이너스입니다.

게다가 아이는 "우리 엄마, 아빠는 의견이 달라. 그럼 나는 이제 문제가 생길 때마다 유리한 쪽을 골라가며 협상하거나 요구해야겠구나" 하는 생각을 할 수 있습니다. 이런 생각을 갖고 아이가 상황에 따라 유리한 부모가 누구인지 고르도록 만들고 싶지 않다면 반드시 엄마, 아빠의 합의가 필요합니다. 적어도 경제교육과 용돈 협상에서 만큼은 부모는 공동체이

자 한 팀으로 아이를 맞이해야 합니다.

　용돈을 어떻게 줄 것인지(대략적인 지출 항목과 허용하지 않을 항목, 대략적인 금액기준, 부수적인 규칙이나 예외에 대한 조항이 필요한 것), 누가 주도적으로 이 훈련을 진행할 것인지, 역할분담 등에 대해 합의하고 꾸준히 대화를 나눠야 합니다. 이어질 세부적인 경제교육 과정마다 부모를 위한 교육사례와 방법이 자세히 안내될 것입니다.

　하지만 우선 용돈 훈련 과정에서 생겨날 수 있는 대표적인 아이의 제안을 몇 가지 나눠서 어떻게 대응해야 하는지 살펴보겠습니다. 일상생활에서 아이들이 자주 하는 제안인데, 종류는 다양해도 원칙은 동일합니다.

"엄마, 내가 이번 시험에 성적 잘 받으면 보너스 줄 거야? 용돈 올려 줄 거야?"

어떻게 해야 할까요? 용돈과 연결하지 말 것을 부탁드립니다. 가능한 학습은 학습으로, 용돈 훈련은 용돈 훈련으로 나누셔야 합니다. 굳이 성적을 포상하고 싶다면 그냥 선물을 주세요. 그게 돈이든 물건이든 상관없습니다. 왜냐하면 용돈 훈련의 목적이 흔들리게 되기 때문입니다. 자칫 이런 협상의 경험은 아이에게 '성적만 좋게 나온다면 어떤 요구나 잘못도 해결될 수 있다'는 메시지를 전달하게 될 수도 있습니다.

　또한 아이가 공부하는 것은 자신의 미래를 위한 활동입니다. 그런데 성적이 올랐다고 부모가 경제적 보상을 하면 역시 '나의 공부는 부모를 위한 것이니 돈으로 보상받아야 한다'는 잘못된 생각을 할 수도 있습니다.

 **"나 평소에 준비물이랑 숙제 열심히 할 거니까 용돈에 피시방 가는 돈 넣으면 안돼요?"**

아이에게는 피시방에 가는 비용이 가장 중요할 수 있습니다. 하지만 부모 입장에서는 피시방 비용이 많고 적음을 떠나 아이가 출입해서는 안 되는 곳이라는 교육적 원칙을 가지고 있을 수 있습니다. 이런 경우라면 아이가 제안한 피시방에 가는 비용은 용돈 협상의 대상이 아닙니다. 이때는 부모의 교육적 원칙을 설명하는 과정이 필요합니다.

"용돈은 돈 관리하는 연습을 위해서 주는 거지, 너의 취미생활을 위한 것이 아니야. 그리고 엄마는 교육적으로 좋지 않다고 생각하기 때문에 네가 피시방에 가는 걸 허락할 수 없어. 그래서 안 돼"라고 간결하지만 단호하게 말해주어야 합니다.

또한 숙제와 준비물을 잘 챙기는 것은 역시 아이가 자신의 학업을 위해 당연히 해야 할 일입니다. 용돈은 경제적 보상이 아닌 훈련도구입니다. 자기가 할 일을 하는 것은 경제적 보상을 받을 이유가 없으니 용돈 협상의 대상이 아님을 분명히 할 필요가 있습니다.

학습과 관련된 생활 습관을 교정하거나 동기부여를 해주는 것은 용돈이 아닌 다른 도구를 사용하는 것을 권합니다. '일주일 동안 스스로 학습준비물과 숙제를 잘 챙긴다면 엄마랑 일일 데이트를 하기로 한다'든지, '한 달에 약속한 독서량을 스스로 채웠다면 특별 간식을 사준다든지' 하는 방식을 추천할 수 있습니다.

"엄마, 이번에 ○○휴대폰 할인한데요. 나 용돈 모은 거 얼마 있는데, 그거 보태서 사주면 안 돼요?"

돈이 부족해서가 아니라면 아이 제안을 들어줘도 좋습니다. 다만 아이의 연령이나 교육관 때문에 휴대폰을 사주지 않는 것이라면 교육적 원칙과 이유를 설명해주어야 해요.

그런데 많은 경우 아이가 납득하도록 설명하기 어렵고 귀찮다는 이유로 "돈 없어서 안 돼, 비싸서 안 돼"라는 말로 얼버무립니다. 그러면 아이가 오해할 수 있습니다.

부모가 "돈이 없어, 비싸"라고 대답한 경우 아이는 그 말을 그대로 믿고, 스스로 해결책을 찾기 위해 희망을 버리지 않고 계속 노력하게 됩니다. "내가 돈 많이 모으면 엄마가 사 줄 거야. 아빠가 돈 많이 벌면 엄마가 사 줄 거야"처럼 말이죠.

하지만 언젠가 이 희망이 기약 없는 것이고, 어차피 안 사줄 거란 걸 알게 되는 순간 부모에 대한 불신감이 생겨날 수도 있어요. 설명이 어렵고 귀찮더라도 정직하게 이야기해 주는 것이 더 좋습니다. 처음부터 솔직하게 설명하고 "안 돼"라고 말해줄 필요가 있습니다.

엄마가 "아직 어리고, 필요하지 않고, 좋지 않은 영향을 끼칠 것 같아서 안 돼"라고 알려주면, 아이의 질문이 바뀌게 됩니다. "그럼 몇 살부터 가지게 해 줄 거야?" 하고 말이죠.

간단히 대답해 주시면 됩니다. "엄마는 ○○살 정도라고 생각해" 혹은 "아직은 정확히 정하진 않았어. 앞으로 아빠랑 같이 봐가면서 결정할게" 하고 말해주면 됩니다.

2장

가격과 가치를 알려주세요

5~7세 경제교육

> 5~7세

경제교육을 시작할 수 있는 나이예요

"언제부터 경제교육을 시작하는 것이 좋을까요?"

부모들이 가장 많이 하는 질문입니다.

저는 5~7세 유아기부터 시작하는 것이 좋다고 생각합니다. 너무 어린 나이라고 생각할 수 있지만 경제교육은 거창하고 어려운 것이 아닙니다. 5~7세라면 충분히 시작할 수 있습니다. 나중으로 미룰 필요가 없어요.

5~7세는 구매활동과 관련된 교육을 진행할 시기입니다. 대단한 구매활동이 아닙니다. '돈을 주고 물건을 가져온다'는 단순한 과정을 이해하는 것으로 충분합니다. 그래서 구매활동 교육은 '세상의 모든 물건에는 가격이 있다'는 것을 알려주는 것에서 출발합니다.

아이는 구매활동에 참여하는 경험을 통해서 '① 모든 물건에는 가격이 있고 ② 그 중에서 내가 원하는 물건을 선택하고 ③ 가격에 해당하는 화폐를 가지고 원하는 물건과 교환하는 것'을 학습합니다. 이 순서를 반복하면서 돈을 계산하는 것, 낯선 사람(판매하는 사람)과 대화하는 것, 구매의 절차, 가격을 비교하고 더 만족스러운 선택을 하는 일을 자연스럽게 경험하게 됩니다.

왜 경제교육은 교환 이야기부터 시작할까요?

경제교육에 관심이 있다면 참조할 만한 자료들이 많이 있습니다. 한국은행이나 시중은행은 물론 행정자치부나 기획재정부 등의 공공기관에서 수많은 경제교육 관련 동영상, 교재, 책을 만들어 제공하고 있기 때문입니다.

이 자료들의 공통점은 무엇일까요? 해당 교육 자료를 만든 기관이나 저자의 교육적 목표가 무엇이든 상관없이 하나같이 첫 번째 교육과정은 '교환'에 대한 이야기로 시작한다는 것입니다. 물물교환을 설명하든, 상점에 가서 돈을 내고 사탕을 사오는 이야기를 넣든, 결론은 모두 '원하는 것을 가지려면 돈을 사용해서 교환한다'는 사실을 알려주는 것부터 경제교육을 시작합니다.

왜 그럴까요? 안타깝게도 왜 교환 이야기부터 경제교육을 시작하는지는 설명하지 않습니다. 아이들이 왜 배워야 하는지를 아는 것은 매우 중요합니다. 교육현장에서 아이들이 가장 많이 하는 질문 중 하나가 "이걸 왜 배우는지 모르겠어요"입니다.

교육에는 언제나 목표가 있습니다. 아이들에게 '학습목표'와 '배워야 할 것'을 알려주는 것은 매우 중요합니다. 제가 강의를 할 때, 학습목표, 즉 오늘 배울 것이 무엇이고 이게 왜 중요한지, 앞으로 어떤 일에 쓸모가 있는지를 잘 알려주고 시작하면, 그날 아이들은 참 열심히 수업에 참여해주는 것을 경험합니다. 눈높이에 맞는 교육, 재미있는 교육도 중요하지만 왜 배우는지 알려주고 시작하는 교육도 참 중요합니다.

다시 주제로 돌아올게요. 경제교육의 시작이 '교환'인 것에는 이유가 있습니다. 경제를 이해하기 위해서는 '교환'을 알아야 하고, 교환의 도구가 '돈(화폐)'이라는 것을 알려주기 위해서입니다. 왜냐하면 경제, 경제활동의 가장 기본은 필요한 것을 구하기 위해 다른 사람과 가지고 있는 것을 바꾸는 일부터 시작되기 때문입니다. 그리고 화폐는 교환의 도구입니다. 이 전제는 고대에서부터 지금까지 언제나 동일합니다.

왜 돈이 교환 도구로 사용될까요?

경제교육을 시작할 때 맨 처음 알려주는 개념이 '교환'인 이유는 경제활동의 핵심이기 때문입니다. 자급자족하던 인간이 '교환'을 시작하면서 나타난 변화는 엄청났습니다. 다양한 수준의 교환을 통해 개인의 욕구와 필요의 확장은 기본이고, 시장의 확산과 교류·교역의 확대, 상업의 태동과 고도화된 생산, 분배, 소비활동까지 망라되는 변화와 발전을 이룩하게 된 것입니다.

그렇다면 왜 이 중요한 교환의 도구로 돈이 사용될까요? 많은 분들이 "물물교환은 물건이 무겁고 상할 수도 있어 불편하기 때문이죠"라고 생각할 것입니다. 일부는 맞습니다.

우리는 돈(화폐)이라고 하면 바로 지폐와 동전을 떠올립니다. 하지만 화폐의 범주에는 쌀이나 금과 같은 물품도 포함됩니다. 이런 것들을 물품화폐라고 부릅니다. 돈만 화폐인 것이 아니어서 물물교환의 불편함 때문에 돈(화폐)을 사용하게 되었다는 설명은 맞지 않습니다.

돈(화폐)은 '교환활동의 편의를 극대화할 수 있도록 만들어 준 도구'입니다. 물품화폐처럼 사용가치와 교환가치를 모두 가지고 있던 기존의 화폐와 달리 돈은 교환가치에 집중된 화폐입니다.

우리의 경제활동은 교환의 도구인 화폐가 얼마나 발달하고, 사용할 수 있는 범위가 얼마나 넓은지, 또 얼마나 오래 지속할 수 있는지에 따라 구분할 수도 있을 것입니다.

먼저 교환의 도구로 물품화폐가 주로 사용되던 시기를 떠올려 보세요. 물품화폐를 통한 교역의 범위는 화폐의 가치가 유지되는 기간에 따라 큰 영향을 받게 됩니다. 예를 들면 와인이나 맥주가 화폐로 사용되는 경우 변질된 와인이나 맥주는 교환가치를 상실하게 되므로 장거리 교역의 도구로는 적당하지 않습니다.

이러한 물품화폐의 한계 때문에 등장한 것이 금이나 은과 같은 금속화폐입니다. 금속은 변질에서 자유롭다는 장점이 있습니다. 다만 필요한 만큼 화폐를 안정적으로 공급하기 어렵고, 장거리 이동할 때 부피와 무게, 보안 및 저장 공간의 문제로 비용이 많이 들어 교역 범위를 늘리는 데 한계를 보입니다.

이러한 문제를 해결하고자 만들어진 것이 종이화폐, 현재의 은행권(은행에서 발행하는 화폐라는 의미입니다)이라고 생각하면 될 것 같습니다. 변질, 변형, 무게와 보안의 문제를 상당부분 해소한데다, 현대의 통신기술과 결합하면서 거의 무한대의 저장, 즉각적인 이동 등이 가능해졌습니다. 그 결과 현대 교역의 범위는 무제한으로 확대되었습니다.

기본적으로 돈, 화폐는 대상이 되는 물건의 가격을 표시하는 수단입니다. 경제활동의 출발은 '교환'이지만, 아이들에게 알려주는 순서가 반드시 역사적 순서와 동일해야 할 필요는 없습니다. 오히려 쉽게 이해할 수 있는 도구부터 출발하는 것이 보다 효과적이라고 볼 수 있죠. 그래서 우리는 거창한 경제활동에 대한 설명보다 '도구인 돈'에 대해 먼저 알려주기로 했다고 이해하면 될 것 같습니다.

> 5세

가격 알려주기부터 시작해요

5세(만 4세)부터는 경제교육을 시작할 수 있습니다. 이때는 '교환'이 아닌 '가격'을 알려주는 것이 효과적입니다. 자신이 소비하는 품목(과자나 장난감 한두 가지)에 대해 가격을 알려줄 수 있습니다.

이 시기의 아이들은 "나도 할 수 있어", "내가 할 거야" 같은 말을 자주 합니다. '나'라는 자아개념과 스스로 해내고자 하는 자율 개념이 발달하는 시기여서 그렇습니다. 그리고 비로소 '돈'이 무엇인지 아는 나이입니다. 이것은 추상적인 개념을 조금씩 알기 시작했다는 신호입니다.

이때 아이가 돈에 대해 인식하는 수준은 '원하는 것을 갖기 위해 상대에게 주는 것' 정도의 개념입니다. 돈을 물건과 마찬가지로 인식하는 수준이라고 보면 됩니다.

또한 "왜?"라든지 "엄마, 왜 안 돼?"라는 질문을 많이 합니다. 부모에게 설명을 요구하는 논리능력이 발달하는 시기여서 아이에게 자신이 소비하는 물건에 지불해야 할 대가(돈), 물건의 가격을 지불해야 한다는 것을 알려주는 것이 좋습니다.

왜 가격을 알려주어야 할까요?

경제교육의 출발점은 가격을 알려주는 것입니다. 경제란 필요한 것을 구하는 방법입니다. 그리고 경제교육이란 자신이 필요한 것을 어떻게 구할지 선택하고 실행해나가는 일을 결정하기 위한 교육이라고 할 수 있습니다.

내가 필요한 것을 어떻게 구할까요? 먼저 필요한 것이 무엇인지부터 알아야겠죠? 어떻게 해야 할까요? 보통 내가 필요한 것이 무엇인지 생각하고 그것을 찾아봐야 한다고 말합니다.

하지만 그 전에 해야 할 일이 있습니다. 필요한 것을 알려면 내가 가지고 있는 것이 무엇인지부터 알아야 합니다. 왜 그럴까요?

예를 들어 식사를 준비하는 과정을 생각해 보세요. 혼잣말이든, 아이에게 묻는 것이든, 보통 "오늘은 뭐 먹지?"라고 말하곤 합니다. 무엇을 먹을지부터 고민하고 결정하려고 하는 것이죠.

메뉴가 결정되면 필요한 주재료를 떠올리며 장보기를 합니다. 집 냉장고에 주재료가 있는지는 대강 기억이 납니다. 하지만 자잘한 재료까지 다 기억하지는 못해 장을 보고 나면 집에 있는데 중복해서 구매하거나 사야 하는데 못 사는 경우도 있습니다. "어라, 당근이 있는 걸 또 샀네, 에고 간장이 떨어진 걸 또 잊어버렸네" 하고 말이죠.

가끔은 장 보느라 피곤해져서 원래 먹으려던 메뉴를 포기하고 배달음식을 시키기도 합니다. 생각보다 시간도 비용도 효율도 떨어질 때가 자주 생깁니다. 이런 소비패턴이 반복되면 우리가 아이들에게 가르치고 싶은 '합리적인 소비'와는 점점 멀어집니다.

그렇다면 어떻게 해야 합리적인 소비를 할 수 있을까요? 필요한 것을 찾기 전에 가지고 있는 재료부터 확인해야 합니다. 냉장고부터 열어봐야 하는 것이죠. 메뉴를 정하기 전에 냉장고를 살펴보고 어떤 음식과 재료가 있는지 살펴봐야 합니다. 내가 가지고 있는 물건의 내역을 확인하는 것입니다. 그래야 새로 음식을 만들 필요가 있는지, 유통기한이 임박하여 우선 요리해서 먹어야 하는 재료가 있는지, 반드시 나가서 사와야 하는 재료가 있는지 판단할 수 있게 되는 거죠. 냉장고에 어떤 종류의 식재료가 어떤 상태로 보관되어 있는지 확인하고 필요한 재료 리스트를 작성해 장보기를 하면 당연히 더 빠르고, 만족스러운 장보기를 할 수 있습니다.

이처럼 무엇을 구입하기 전에 자신의 소유물이 어떤 것이 있는지 확인하고 필요한 것을 생각하는 것이 바람직한 소비의 순서입니다. 이를 실행하기 위한 첫 번째 교육이 '가격 알려주기'입니다.

'가격 알려주기'는 어린 시절에 많이 하던 '시장놀이'와 비슷하다고 생각하면 됩니다. 시장놀이를 일상에서 하는 것인데, 실제 '돈(화폐)'을 가지고 물건을 구입하는 과정을 연습해 보는 것입니다. 시장놀이와 가격 알려주기의 차이는 '되돌릴 수 없다'는 것입니다.

소비의 결과를 인식하는 데는 많은 시간이 필요합니다. 처음에 아이들은 가격 알려주기를 놀이처럼 받아들일 것입니다. 왜 마음대로 결정을 뒤바꿀 수 없는지 이해하기 어려워하기도 할 것입니다. 그러나 걱정할 필요는 없습니다. '가격 알려주기' 활동을 하다 보면 점차로 '시장놀이'와는 달리 '일단 돈을 주고 물건을 사면 되돌릴 수 없다'는 것을 배울 수 있기 때문입니다.

관심을 보이는 물건 가격만 알려줘도 좋아요

아이들에게 가격을 알려주라는 말을 어렵게 생각할 필요는 없습니다. 그저 함께 슈퍼마켓에 가거나 빵집에 가서 아이가 좋아하는 간식이나 작은 장난감을 살 때, 관심을 보이는 한두 가지 물건의 가격을 알려주는 것으로 충분합니다. 이것을 반복하면 아이는 '세상에 있는 물건에는 가격이 있어'라는 것을 배우게 됩니다. 굉장히 중요한 경제적 지식을 알려주는 일이지만 방법은 아주 쉽습니다.

아이와 이야기를 할 때 물건의 가격을 덧붙여서 이야기를 하면 됩니다. 아이와 간식을 사러 동네 슈퍼마켓에 간 경우를 생각해 보세요. 아이는 매장의 이곳저곳을 살펴보다가 궁금한 것들을 물어보고, 이중에서 먹고 싶은 것을 집어서 엄마에게 사달라고 할 것입니다.

"이거 먹을래요. 그리고 이것도~!"

"네가 고른 이 빵은 700원이야, 그리고 두 번째로 고른 이 과자는 1,200원이네? 오늘은 이 두 가지가 먹고 싶구나?"

가격 알려주기 교육은 이렇게 아이와 물건을 구입하는 과정에서 자연스럽게 아이가 관심을 갖는 물건 가격을 알려주는 것으로 충분합니다. 처음에 아이는 가격에 별로 관심이 없을 것입니다. 하지만 일상에서 꾸준히 물건 가격을 알려주는 '수다'를 떨어주다 보면 얼마 지나지 않아서 아이가 먼저 물어보게 됩니다.

"엄마, 이건 얼마야?"

처음에는 자신이 원하는 물건을 손에 넣을 수 없는 상황이거나(엄마가 "너무 비싸서 안 돼!"라는 말을 하는 등의 상황) 특별히 관심 있는 물건이 생겼을 경우 점차 해당 물건의 가격을 물어보고 기억하게 됩니다. 그러다 보면 아이는 '가격 물어보기'를 놀이처럼 느껴 어느 순간 모든 것에 손가락을 가리키며 가격을 물어보게 됩니다.

심지어 팔지 않는, '상품이 아닌 것'에 대해서도 질문을 하게 됩니다. 예를 들어 앞에 서있는 사람이나 강아지 같은 동물에 대해 '이건 얼마야?'하고 물어봅니다. 그러면 "사람한테는 이거, 저거 하는 거 아니야. 살아있는 사람이나 동물은 사고파는 게 아니야"라고 가볍게 알려주시면 됩니다. 생명에 대한 거창한 이론을 말하지 않더라도 아이가 반드시 배워야 할 중요한 원칙을 알려주고 있다는 것을 잊지 마세요.

비교하고 선택하게 해도 좋아요

아이가 이미 물건의 가격을 알려주는 것에 익숙하다면, 진도를 나가셔도 좋습니다. 예를 들어 아이에게 비교하고 선택하는 경험을 주고 싶거나 미리 정한 예산이나 간식 구입 기준 때문에 제한할 필요가 있다면 한 단계 더 나아가는 질문을 하는 방법도 있습니다.

"그러면 700원짜리 크림빵이랑 1,200원짜리 카스테라 두 가지 중에서 어떤 걸 먹고 싶니?"

"둘 다 먹고 싶은데……"

"하지만 다 사는 건 너무 많으니까 오늘은 두 가지 중에서 한 가지만 고르도록 하자. 뭘 사고 싶지?"

"카스테라……요"

"그래, 오늘은 1,200원짜리 카스테라를 하나 사가는 것으로 하자."

핸드폰 가격을 잘 알지만 전기요금은 모르는 청소년

청소년기의 아이들에게도 가격을 알려주는 교육이 필요합니다. 물론 10대 아이들은 모든 물건에는 가격이 있고, 그것을 비교하여 자신이 가진 돈으로 구입하는 선택을 해야 한다는 것은 알고 있죠.

하지만 자신이 관심을 가지고 있는 상품이나 서비스 요금은 잘 알고 있으면서도 기초적인 생활요금이나 일상생활에서 필요한 물건의 가격은 거의 모르는 경우가 많습니다. 말하자면 상품가격에 대한 정보가 영역에 따라 매우 불균등한 상태라는 뜻입니다.

예를 들어 청소년들은 자신이 쓰는 화장품이나 게임용품의 가격은 브랜드와 가성비를 잘 따질 만큼 자세히 알고 있지만, 우리 가족의 한 달 식비나 전기요금, 생활필수품 등의 가격은 모르는 경우가 많습니다. 그래서 이렇게 불균등하게 알고 있는 가격정보를 일상에서 꾸준히 알려주기 위한 노력이 필요합니다.

이렇게 하시면 됩니다.

'너무 간단한데? 이런 게 교육이라고?'라는 생각을 하셨나요? 아이가 5세입니다. 자신의 만족을 따져서 무엇을 살 것인지 비교하고 선택하는 일은 어려운 일이라는 것을 기억해 주시면 좋겠습니다.

이 과정에서 아이는 두 가지를 다 구입하지는 못했지만 자신이 원하는 물건을 고민하여 선택하고, 그 물건의 가격을 알게 되는 경험을 쌓아가게 됩니다. 자연스럽게 비교도 하게 될 거예요. 크림빵과 카스테라가 주는 만족의 차이와 자신이 좋아하는 빵의 종류에 대해서도 알게 될 것입니다.

가격을 알아야 비교할 수 있습니다. 1,000원짜리 물건 두 가지를 놓고 어떤 것이 좋은지 생각해 보는 일이 비교입니다. 그리고 자신의 만족을 비교하여 선택하게 됩니다. 이것이 바로 합리적인 소비자의 모습 아닌가요?

바로 이런 비교와 선택을 하기 위한 출발점이 '가격 알려주기'입니다. 가격을 알려주고 비교와 선택을 하는 과정이 차근차근 쌓이면, 비로소 다음 세 가지를 배우게 됩니다.

1. **가격과 구매과정** : 눈에 보이는 물건마다 다른 가격을 가지고 있고, 그 가격만큼의 돈을 부모가 지불해야 자신에게 물건이 생긴다는 과정을 인식하게 됩니다.
2. **합리적 선택 연습** : 한 번에 여러 가지 물건을 골랐을 때는 그 중에서 가장 가지고 싶은(만족이 큰) 물건을 선택하는 연습을 하게 됩니다.
3. **소비 조정의 연습** : 평상시에 부모가 사주던 물건보다 비싼 물건을 골랐을

경우, 낮은 가격의 비슷한 물건으로 바꾸거나 "너무 비싸서 안 돼"라는 말로 거절당할 수 있다는 것을 배웁니다.

이것은 가지고 있는 돈(지출 가능한 예산)을 계획해서 지출해야 한다는 것을 배우기 위한 첫걸음입니다.

경제교육을 할 때는 꼭 현금을 사용하세요

아이와의 경제교육, 특히 출발 단계의 활동에서 주의해야 할 것이 있습니다. 바로 '현금을 쓰는 것'입니다.

본래 소비활동을 하게 되면 자연스럽게 물건의 가격이 존재한다는 사실과 화폐를 물건과 교환하게 되고, 한번 지불한 화폐는 돌아오지 않는다는 사실(돈이 줄어든다는 사실)을 알게 됩니다. 그러나 요즘 아이들은 이 과정을 직관적으로 인식하기가 무척 어렵습니다. 왜냐하면 신용카드 때문입니다.

5세 전후의 아이들은 구체적 조작기라고 분류되는 발달단계에 속해 있습니다. 이것은 아이들이 자신의 눈앞에서 확인되는 정보를 통해서 판단하고, 학습한다는 의미입니다. 그러니 부모가 카드로 물건을 구매하는 모습은 아이에게 어떻게 보일까요? 그저 네모난 플라스틱을 주면 원하는 물건을 받고, 카드 또한 바로 돌려받는 것으로 보입니다. 아이 입장에서는 원하는 물건을 소유하기 위해 아무 대가도 지불하지 않고 공짜로 물건을 넘겨받는다고 인식하게 되는 것이죠.

카드를 사용하면 아이가 돈이 지불되는 모습을 볼 수가 없습니다. 당장은 돈이 안 나가지만 결국 카드대금 결제일에 통장에서 돈이 빠져나가고, 카드사용 한도가 있어 무한정 쓸 수 없다는 것을 아이들은 알지 못합니다. 그래서 아이들 앞에서는 가능하다면 실제의 지불과정을 눈으로 확인할 수 있도록 현금을 사용할 것을 권장하고 싶습니다.

이 외에 현금을 사용하면 다음과 같은 부수적인 장점이 있습니다.

1. 부피감으로 비교하기 : 서로 다른 물건의 가격을 실제 지불되는 화폐의 양이 차이 나는 모습으로 쉽게 확인하고, 느끼게 해줄 수 있습니다.
2. 지출되는 돈을 확인할 수 있고, 남은 돈이 줄어드는 것을 통해 소비결정을 다시 생각해볼 수 있도록 도와줍니다.

"뭐가 좋아?"만 물어서는 안 돼요

요즘은 아주 어린나이의 아이들에게도 자신과 관련된 소비를 할 때는 어떤 것을 사고 싶은지 물어봅니다. 예를 들면 옷을 사줄 때 색깔과 디자인들을 보여주며 "어떤 게 좋아?" 물어보거나 슈퍼마켓에서 과자를 직접 고르도록 해 줍니다.

아이의 의견과 취향을 물어보는 것은 아이가 자신의 생각과 취향을 인식하고 표현할 수 있도록 하기 위한 작업입니다. 이런 과정을 통해 아이는 자기 주도적이고, 적극적으로 선택하는 사람으로 성장할 수 있습니다.

하지만 아이의 취향만 물어서는 안 됩니다. 가격을 알려주고 선택하는 연습을 시켜줄 필요가 있습니다. 왜 그럴까요?

아이들에게 가격 기준이나 예산에 대한 고려 없이 자신의 취향과 선호만을 바탕으로 물건을 고르고 욕구를 표현하도록 했다고 가정해봅시다. 그러다 어느 날 갑자기 가격 기준을 제시하면서 아이가 고른 물건에 대해 "너무 고가의 물건만을 고른다, 낭비한다"고 말하면 아이는 어떻게 반응할까요?

언제나 자기가 원하는 대로 해주던 부모가 왜 갑자기 이상한 말을 하는지 알 수가 없을 것입니다. 아이는 그저 이전의 습관대로 자신의 취향이나 주변의 유행(특정한 브랜드나 유행하는 캐릭터 상품 등)을 따라 물건을 골라왔을 뿐인데, 비싸다며 혼을 내니 당연히 혼란스럽겠죠.

가격을 기준으로 선택하는 연습을 시키지 않으면 아이가 비슷한 용도의 물건을 재차 구매하려고 할 수 있습니다. 아이가 특정 분야의 수집을 시작했거나 같은 용도의 물건이라 할지라도 디자인이나 색상이 다르면 또 구매할 수도 있는데, 선택하는 훈련이 안 돼 있으면 '같은 물건이 있으니 사지 말라'는 얘기를 받아들이지 못합니다.

더 나아가 아이가 가정의 경제 상황을 고려하지 않고 자신의 욕구만 채우려고 할 수도 있습니다. 가끔 아이가 자신을 제외한 다른 가족 구성원을 위한 소비에 모두 반대하는 모습으로 인해 고민을 상담하는 부모를 만나기도 합니다.

이러한 문제가 생길 때 부모가 갑자기 아이에게 가족 구성원으로서의 책임감과 의무, 적정한 가격을 고려하거나 소비의 선택에서 경제적 합리성과 우선순위 등을 고려할 것을 요구하면 어떨까요? 또 아이가 부모가 요구하는 모습이 아니라고 혼을 내거나 비난하면 아이는 어떻게 반응할까요?

아이 입장에서 부모의 갑작스러운 변화는 그저 당황스럽고, 이해할 수 없는 변덕으로 비춰지기 쉽습니다. 하지만 아이가 어렸을 때부터 취향과 선호뿐만 아니라 가격과 구매력을 알려주고, 이 두 가지 기준을 포함하여 물건을 선택하도록 훈련시켜 왔다면 아이는 자연스럽게 받아들일 것입니다.

아이들의 주도적인 의사표현과 자기 선호와 취향을 알아가는 선택에 관한 학습은 가능하면 권장해주어야 할 부분입니다. 다만 이것과 동시에 아이가 반드시 배워야 하는 경제원칙은 '세상의 누구라도 원하는 모든 것을 그 즉시, 전부 다 가질 수는 없다'는 사실입니다.

내 아이를 경제 감각이 있는 아이로 키우고 싶다면 취향과 선호를 묻는 질문들과 함께 가지고 있는 예산금액으로 어떤 것을 소비할지 물어봐주어야 합니다. 왜냐하면 나이와 상관없이 모든 인간의 욕망은 무한하고, 인간이 얻을 수 있는 소득은 한정되어 있기 때문입니다.

5세는 어느 정도 부모와 의사소통이 가능한 나이입니다. 자신이 갖고 있는 물품에 대한 관심이 생겨나는 나이이기도 하죠. 따라서 가격을 알려주고 구매력에 대한 교육을 시작하기에 충분합니다.

가격 알려주기

제 아들 민준이에게 맨 처음 가격을 알려준 물건은 아이가 좋아하는 캐릭터 장남감 '또봇'이었습니다. 아이가 어린이날 선물로 고른 또봇 장난감 가격이 34,000원이라고 알려주자, 아이는 자신이 소비하는 각종 간식과 좋아하는 패밀리 레스토랑의 가족 식사 가격을 물어보더군요.

저는 일부러 아이 앞에서 현금으로 결제하면서 매번 지불하는 금액에 따라 돈의 양이 달라지는 것을 지켜볼 수 있게 했습니다. 한두 달이 지나자 아이는 자연스럽게 캐릭터 장난감의 가격을 기준으로 생각하면서 자신이 소비하는 다른 것들이 장난감보다 더 높은 금액을 지출하는 것인지, 적은 금액을 지출하는 것인지 등을 기억하게 되었습니다.

예를 들면 자신이 좋아하는 캐릭터 장난감을 하나 사는데 들어가는 비용(34,000원)과 가족의 외식비(40,000원)가 비슷한 비용을 지출하는 소비라는 것을 알게 된 날, 아이는 엄청난 충격을 받은 것처럼 말했던 일이 있습니다.

"엄마, 내 또봇 장난감이랑 오늘 먹은 불고기가 같은 돈이 들어요?"라고 말이죠.

"그래, 너의 또봇 장난감과 민준이가 좋아하는 불고기 외식은 같은 돈이 들어"

민준이가 가격을 알고, 또 비교할 수 있게 된 것을 확인하고 저는 다음 단계 진행을 예고했습니다.

"다음에는 두 가지 중에서 어떤 것을 할 건지 골라보도록 하자"

> 6세

가치를 따져 선택하도록 도와주세요

합리적인 소비자란 어떤 사람일까요? 아마도 가지고 있는 돈(예산)의 범위 안에서 가능한 적은 비용으로 필요와 만족을 따져 비교하여 소비하는 사람을 의미할 것입니다.

경제교육의 첫 단계는 '개별 상품에 가격이 있다'는 것을 알려주는 것입니다. 이제 6세가 되어 한 뼘 더 성장한 아이에게 필요한 경제교육의 두 번째 단계는 돈의 가치(값어치)를 선택하도록 돕는 것입니다.

가치를 알려준다는 것을 거창하고 어렵게 생각할 필요는 없습니다. 이것은 아이가 소비를 통한 자신의 만족과 필요를 인식하고, 비교를 통해 원하는 것을 선택하는 과정을 수행한다는 것입니다.

마음에 든다고, 갖고 싶다고 다 살 수는 없습니다. 아이는 갖고 있는 돈의 한도 내에서 원하는 것을 선택하는 경험을 시작해야 합니다. 그러려면 가치를 알아야 합니다. 어떤 것이 더 필요한지, 만족도가 높은지를 따져야 합리적인 소비를 할 수 있다는 것을 경험하게 해주는 것이 중요합니다.

협상과 조건 걸기

아이에게 경제를 교육하는 과정은 단계별로 독립된 것이 아닙니다. 앞의 단계는 다음 단계와 자연스럽게 연결됩니다. 5세 때 이미 가격을 알려주고 원하는 것을 고르는 경험을 자연스레 시작한 아이는 6세가 되면 자신의 만족과 필요를 따져 선택하는 단계에 들어서게 됩니다.

이러한 연습이 필요한 이유는 갖고 싶은 것을 다 살 수 없기 때문입니다. 그래서 아이가 ① 한정된 돈(예산)으로 어떤 물건을 소비할 것인지 선택하고(자신의 필요와 선호를 인식하고), 고른 물건 중에서 ② 무엇을 먼저 소비(구입하여 사용)할 것인지 결정(효용과 가치를 고르는 우선순위의 결정)하는 연습을 할 수 있게 도와주어야 합니다.

설명은 거창해 보이지만 요약하면 구매하려는 물건으로 인한 '만족과 필요를 따져본다'고 생각하면 됩니다. 쉽게 말해 얼마나 가지고 싶은지 살펴보는 것입니다. 나만 아이들은 "원해요", "필요해요", "갖고 싶어요"의 차이를 구분하지 못하고 같은 의미로 아는 경우가 많아 필요한 것이 어떤 것인지 좀더 이해하기 쉽게 설명할 필요가 있습니다.

아이가 가치를 생각하는 합리적인 소비선택을 할 수 있게 도와주려면 '협상과 조건 걸기'가 필요합니다. 아이가 물건을 살 때 지켜야 할 조건을 정하고 설명해야 하는데, 조건은 다음과 같습니다.

① 구입할 물건의 종류와 수량을 정한다.
② 오늘 구입 예산을 정한다.
③ ①과 ②를 동시에 지켜야 한다는 것을 설명한다.
(이 과정에서 아이의 동의가 반드시 필요한 것은 아닙니다.)

조건을 정하는 과정도 아이와 함께 하는 것이 좋습니다. 비록 엄마(아빠)는 이미 적당한 금액과 구입할 수량을 결정해 두었다고 해도, 아이에게 제안하는 형태로 이야기해 주는 것이 좋습니다.

"○○아, 오늘 간식 사러 가려고 하는데, 3,000원으로 두 개 사는 거 어때?" 하는 방식으로 전달해 주시면 됩니다. 대부분의 아이들은 아직 금액과 수량을 함께 고려하거나 자신이 필요한 수량이나 종류를 자세히 알지 못하기 때문에 부모의 제안에 수긍하는 경우가 많습니다.

하지만 그렇지 않은 아이들도 있습니다. 자신이 주도권을 가지는 것이 중요한 아이들도 있고, 수와 셈에 빨라서 원하는 것이 명확한 아이들도 있지요. 이런 경우 아이들의 이야기를 들어주고 가능한 선에서 예산과 기준을 정할 때 반영해 주시면 좋습니다. 아이는 성공적인 협상을 경험하면서 자발성이 더 커질 것입니다.

다만 아이의 요구가 허용할 수 없는 것이거나 자기 의견이 무조건 100% 받아들여지기를 요구하는 등의 경우라면 명확하게 부모의 기준을 알려줄 필요가 있습니다. 그래서 아이의 동의를 반드시 얻어야 하는 것은 아니라는 점을 이야기 드립니다.

"○○아, 네가 원하는 것을 다 해줄 수는 없어, 엄마(아빠)의 기준이 있고, 너의 의견을 ○○까지 들어줄 수는 있지만, 그 이상은 안 돼. 오늘 간식 사러 가는 것을 하고 싶다면 엄마(아빠) 의견에 따라주어야 한다는 걸 기억했으면 좋겠어. 아니라면 오늘은 외출하지 않도록 하자" 하고 이야기해 주시면 됩니다.

이처럼 아이가 사전에 기준을 알고 그에 맞게 결정하는 과정을 고민할 수 있도록 도와주는 것이 필요합니다. 예를 들어 슈퍼마켓에 가서 아이에게 간식을 사주기로 했을 때를 생각해 보세요

우선 슈퍼마켓에 가기 전에 소비 가능한 돈의 액수(예산)와 사야 할 물건의 수량을 정해야 합니다. 조건 ①과 ②를 결정하는 것이죠. 부모가 사전에 기준(상한금액과 수량정도)을 정해두고 기준에 맞게 정해질 수 있도록 협상형태로 제안하거나 그냥 기준금액과 수량을 알려주셔도 됩니다.

"이번 주 간식을 사러 갈 건데, 일주일 간식비는 3,000원 이내에서 세 개를 구입할 예정이야!"라는 식으로 한정된 수량과 금액범위를 정하여 아이에게 알려주는 것입니다.

"○○아 이번 주에 먹을 간식을 사러 슈퍼에 갈 거야. 3,000원 안에서 세 개까지 살 수 있어. 3,000원 안에서 ○○이가 먹고 싶은 과자랑 아이스크림을 골라보자"

이렇게 구입할 물건의 종류와 수량, 예산금액의 한도가 사전조건으로 확정되었다면 슈퍼마켓에 간식을 사러 출발합니다. 이제 아이는 진열대의 수많은 과자와 아이스크림 중에서 좋아하는 간식을 골라내야 합니다. 엄마가 제시한 돈과 수량에 맞추어서 자신이 가장 만족하는 소비를 하기

위해 고민하고, 비교하면서 선택하게 되겠지요.

이 과정에서 아이는 주어진 두 가지 조건(한정된 돈, 정해진 수량)에 맞추되 자신이 가장 만족하는 것과 중요하게 생각하는 것(효용과 가치)을 기준으로 판단하는 소비연습을 하게 됩니다. 이것이 바로 우리가 원하는

합리적인 소비 연습하기

민준이가 6세 때 우리 집의 간식기준은 '1주일에 한 번(기간) 2,000원 한도(예산) 안에서 2가지(수량)를 살 수 있다'고 정했습니다(과자나 아이스크림 종류로 구입하고 분식이나 엄마표 간식은 포함되지 않음).

민준이는 2,000원을 넘지 않는다면 두 가지를 사도 되고, 한 가지만 사도 되는 거지요. 하지만 3가지는 살 수 없습니다. 제 나름의 과자를 많이 먹지 못하게 하는 방책이었습니다.

대신 남는 돈은 민준이가 갖도록 했습니다. 아이도 고민하고 노력한 보상을 받아야 하겠지요? 이렇게 모은 돈은 가족 이벤트인 '쇼핑데이'에 마음대로 지출할 수 있도록 허락해주었습니다.

민준이는 항상 열심히 고민해서 간식쇼핑을 했는데, 금액은 대부분 1,700원에서 1,800원 정도 지출했습니다. 남은 돈을 가질 수 있게 해주었음에도 무조건 많이 남기기 위한 선택을 하지 않았어요. 간식을 먹고 싶은 욕구와 작은 용돈을 가지고 싶은 욕구를 적절히 채울 수 있는 선택을 해 나갔습니다. 이건 제 훈련 때문이 아니라 아이의 성향이라고 생각합니다.

천천히 시작한 훈련은 6개월 정도 지나자 많이 익숙해졌습니다. 정해진 예산 안에서 원하는 것을 사더니 어느새 엄마가 정한 협상내용을 변경하는 '재협상 요청'을 할 수 있을 정도로 성장했습니다.

'합리적인 소비자'의 모습 아닐까요?

화폐로 표현되는 '가격'에는 비교를 쉽게 만드는 기능이 있습니다. 정해진 예산한도 내에서 나에게 오는 만족과 효용을 따져 내가 가장 크게 만족스러운 선택을 하는 일이 바로 '합리적인 소비'입니다.

이 과정이 6세의 아이에게 결코 쉽지 않은 일이라는 것을 한 번 더 기억해주세요. 각각의 상품 가격과 만족을 따져 비교하는 일도 어렵고, 정해진 예산과 수량의 범위에 맞게 선택하고 결정하는 일은 정말 어렵습니다. 사실은 많은 성인들도 이것을 잘 하지 못해서 여러 문제를 겪는 일이 있다는 것을 아실 겁니다.

아이의 재협상 요구에 응하는 방법

어려도 협상가나 사업가의 재능을 타고 난 아이들은 구매의 조건을 알려줘도 간식거리의 수량과 금액 등을 자신이 제안하기도 합니다. 아이가 부모에게 협상조건을 새로 제시하는 모습은 무척 신선하고 예뻐 보입니다. 그래서인지 가끔 아이의 제안이 귀여워 웃으면서 들어주는 부모들을 봅니다.

하지만 이왕이면 아이의 새로운 제안을 100% 다 수용해주지 않기를 권합니다. 아이의 요구와 부모가 허용해 줄 수 있는 내용을 적당히 반영하여 적당한 선에서 결정하도록 해주는 것이 좋습니다. 왜냐하면 아이가 부모와 연습하는 첫 번째 협상이고, 소비활동의 결정과 판단에 대한 권한이 최종적으로는 부모에게 있다는 것을 확인시켜주는 것도 필요하기 때문입니다.

자, 그럼 엄마가 아이에게 "1,000원 이내의 금액에서 과자 한 개!"라고 제시하자, 아이가 "엄마, 1,000원짜리 과자 두 개요~!"라고 외치는 경우 어떻게 해야 할까요?

너무 예쁘고, 귀여워서 또는 아이의 재협상 요구가 너무나 기특하거나 아이의 제안을 꺾어버리고 싶지 않아서 들어줄 수도 있을 것입니다. 하지만 항상 아이가 원하는 대로 협상이 이루어지다 보면 차츰 아이의 요구가 늘어나는 것은 물론이고, 부모가 "그건 안 돼"라고 이야기하는 순간이 왔을 때 아이가 부모의 결정을 수용하는 연습을 할 수 없다는 것이 문제가 될 수 있습니다.

때문에 앞서의 경우처럼 아이가 두 번째 협상조건을 제시했을 때 부모는 원래의 조건을 가능하면 유지하되, 가끔 아이에게 적정한 수준의 예산과 소비수량을 조정해 주는 정도로 협상의 결과를 다르게 만들어 주는 노력이 필요합니다.

저는 제 아이가 재협상 요청을 할 때 보통 다음과 같은 반응을 보였습니다. 원래의 조건은 '1주일에 한 번(기간) 2,000원 한도(예산) 안에서 2가지(수량)를 사는 것'이었는데, 어느 정도 익숙해지니 재협상 요청을 하더군요.

"엄마, 이번만 3,000원에 3개 사면 안 돼요? 나 이거 꼭 먹고 싶어요."

어떻게 해야 할까요? 크게 다음 3가지 방법으로 반응할 수 있는데, 결과는 제각각 다릅니다.

① "그래, 이번에만 허락할게"

원래의 조건에서 예산과 수량 모두가 늘었는데도 허락하면 아이는 정말 기뻐합니다. 승리의 경험은 아이에게도 짜릿한 법이죠.

② "그냥 2,000원에 2가지를 그대로 사고, 너무 먹고 싶다고 했던 한 개는 엄마가 선물해줄게"

얼핏 보면 ①번과 같은 것처럼 보일 수도 있지만 아이 입장에서는 다릅니다. 협상의 결과로 예산과 수량의 증액을 얻어낸 방법이 ①번이라면, ②번은 예산범위와 수량변동은 없는 것이거든요. 그리고 명백히 '엄마가 주는 선물'입니다.

③ "3,000원에 3개는 안 되지만, 2,500원으로 3가지는 들어줄 수 있어."

이 말을 듣는 순간 아이는 엄청난 고민과 머리싸움을 시작합니다. 이미 아이는 첫 번째 수정된 제안을 하기 위해 굉장히 많은 시간 고민했을 겁니다. 엄마에게 거절당하지 않기 위해 노력한 거죠.

그런데 ③은 완전히 협상이 거절된 것은 아니지만 그렇다고 완전히 성공한 것도 아닙니다. 부모가 이렇게 대답한 데는 아이가 좀 더 고민해 50% 정도 달성된 목표를 조금 더 완벽하게 만들도록 유도하는 목표도 있습니다.

③번의 제안에 대해 아이는 재차 자신의 요구를 내세울 수도 있고, 엄마의 제안을 그대로 수용할 수도 있고, '2,800원에 3개'와 같은 새로운 제안을 할 수도 있습니다. 엄마의 제안을 수용한 경우는 협상이 타결된

것이어서 문제될 것이 없습니다.

조심해야 하는 것은 아이가 재차 자신의 요구를 내세우거나 새로운 제안을 하는 경우입니다. 아이가 재차 자신의 요구를 내세울 경우 부모는 'ⓐ 아이의 제안을 그대로 수용한다' 혹은 'ⓑ 거절하고 원래 합의된 상태나 부모의 새로운 제안 중에서 택하도록 요구한다' 두 가지 중 하나를 선택할 수 있습니다. 가능하다면 ⓐ와 ⓑ를 1:3 정도의 비율로 선택하여 수용해 주기를 권합니다.

만약 아이가 새로운 제안을 제시하는 선택을 했다면 부모는 가능하면 "좋아"라고 쿨~하게 수용해주기 바랍니다. 협상 연습을 하는 것은 승패를 가르는 것이 아닙니다. 부모와 아이의 밀당에서 부모의 요구가 무조건 관철되는 것이 항상 좋은 경험은 아닐 수 있습니다.

이처럼 아이가 재협상 요구를 해오면 시기나 상황, 아이의 감정상태에 따라 3가지 중 적절한 반응을 보여주시면 됩니다. 부모의 반응에 따라 아이는 '나의 협상제안이 그대로 성공할 때도 있고, 생각지 못한 선물이 생기기도 하고, 때로는 ③번처럼 완전한 거절은 아니지만 완전한 성공도 아닌 상태가 되기도 하는구나'라는 경험을 하게 됩니다. 부모를 통해 여러 가지 상황에 대한 경험과 협상의 경우의 수를 배워나가는 것입니다.

여기서 특히 주의할 점은 협상단계를 2~3단계에서 마무리해야 한다는 거예요. 아이가 고작 6세이고, 협상은 굉장히 힘든 일입니다. 자칫 밀당이 길어지면 아이가 협상을 승패로 받아들이고, 서러워질 수도 있습니다. 두세 번 정도의 적당한 수준에서 합의하는 것이 좋습니다.

아이가 평생 하게 될 다양한 협상과 타협, 승리와 패배 그리고 의견조율을 위한 노력과 방법을 경험하게 돕는 첫 번째 선생님이 바로 부모입니다. 때로는 성공하고 때로는 실패하는 다양한 협상의 과정을 경험하면서 아이는 어려운 미션을 수행하는 경험을 쌓게 됩니다. 아이는 세상에서 가장 안전한 부모라는 협상 상대를 맞이하여 제안, 수정 제안, 재수정 제안, 합의에 이르는 과정을 거쳐, 자신의 요구가 받아들여지는 '대화를 통한 의견조율의 과정을 배우는 성공 경험'을 만들고 있는 것입니다. 그러니 성공과 실패에 너무 집중하지 마시고, 다양한 경험을 제공하는 것에 의의가 있다는 것을 기억해 주시면 좋겠습니다.

협상할 수 없을 때는 이유를 꼭 설명해요

아이와 협상할 수 없을 때도 있습니다. 예를 들면 아이가 건강에 좋지 않은 불량식품을 사겠다고 하거나 교육적 차원에서 초등학교에 들어가기 전에는 핸드폰을 사주지 않으려고 하는데 떼를 쓰는 경우입니다. 이때는 무조건 안 된다고 하지 말고, 왜 협상할 수 있는 문제가 아닌지를 꼭 설명해주어야 합니다.

"설탕이 많이 든 음료는 몸에 좋지 않아."

"너무 어릴 때 핸드폰을 많이 보면 눈도 나빠지고, 친구들과 함께 하는 시간도 줄어들 수 있으니 크면 사줄게"

이처럼 건강상의 이유(알레르기나 성장, 질병 등)와 부모의 원칙(부모가 중요하게 여기는 규칙과 그런 규칙을 정한 이유)으로 아이의 요구를 들어줄 수 없다는 것을 명확하고 솔직하게 표현해 주면 됩니다. 어려서 아이가 납득하기 어려워하더라도 꼭 반복해서 설명해 아이가 부모의 결정을 수용하도록 해야 합니다.

단, 부모의 설명(규칙과 기준)에 아이가 동의하고 허락하는 과정이 필요한 것은 아닙니다. 예를 들면, 아이가 좋아하는 간식을 건강상의 이유로 제한한다고 생각해보세요. 아무리 알아듣기 쉽게 설명해도 아이는 부모의 설명이 이해하기도 어렵고 먹고 싶은 자신의 마음과도 맞지 않기 때문에 계속해서 요구하고 고집부릴 수 있습니다.

이런 경우 더 자세하게 설명하거나 설득할 필요는 없습니다. 단호하게 이유를 말해주고 그 장소를 벗어나는 것이 중요합니다. 아이의 간식이 제한되는 이유가 가격이나 예산 때문이든, 건강이나 교육원칙에 의한 것이든 부모의 결정을 아이가 수용하게 해야 한다는 것에는 변함이 없습니다. 부모는 보호자로서의 지위와 지도력을 가지고 있어야 하고, 아이의 주도성을 키우는 것과 부모의 교육원칙을 설명하고 수용하도록 하는 것과는 아무 관련이 없습니다.

아이에게 너무 엄격한 것은 아니냐고요? 과도한 규제와 요구로 아이가 주눅 들면 어쩌냐고요? 실제로 많은 부모가 이런 걱정을 하는데, 과도한 염려이고, 부모들이 자주 빠지는 착각 중 하나입니다.

부모가 타당한 이유와 명확한 원칙을 가지고 상황과 이유를 설명하고 규칙을 지키라고 요구하는 것은 아이의 성장에 매우 중요하고 꼭 필요한 일입니다. 무조건 수용해주는 것보다 부모의 일관된 규칙을 적용하고 지키는 모습에서 오히려 아이들은 부모를 신뢰하고 존경합니다. 아이들은 사랑받지 못한다고 느낄 때 주눅이 들고, 문제가 발생하는 것이지 부모의 신념에 의한 교육적 원칙 때문에 주눅이 들거나 문제가 생기지는 않습니다.

협상 관련 FAQ

아이와 협상한다는 것은 쉬운 일이 아닙니다. 아이에게 소비의 기준을 명확하게 설명해도 아이가 기준을 벗어나는 요구를 할 수도 있고, 부모가 마음이 약해져 원칙을 고수하기 어려울 수도 있습니다.

Q 기준을 너무 딱딱하게 정하면 마음껏 고르지 못해 아이가 속상해 할 것 같아요. 보기에도 너무 안쓰러운데 괜찮을까요?

네, 부모의 시선에서 볼 때는 안쓰러워 보일 수 있어요. 고작 6세이니까요. 하지만 조금 달리 생각해 보시면 어떨까요? 고작 6세인 아이에게 과자를 마음껏 고르게 하는 건 좋은 걸까요? 일단 건강 때문에라도 많이 제한하고 있지 않나요?

이상하게도 건강 때문에 간식을 제한하는 것은 안쓰럽게 여기지 않으면서 '예산을 정하고 한도 안에서 구입하게 하세요'라고 하면 마치 아이에게 쓰는 돈을 아까워하는 것처럼 보일까 걱정하고, '혹 우리 아이가 부모가 돈이 없어서 마음대로 과자를 사지 못한다고 느끼고 주눅 들지 않을까' 걱정하는 분들이 많습니다.

건강 때문에 제한하는 건 괜찮고, 경제교육 때문에 수량을 제한하는 것이 꺼려지는 건 좀 이상하지 않을까요? 6세 아이에게는 둘 다 같은 상황일 뿐입니다. 수량을 제한하는 이유를 설명할 때, "돈 없어서 안 돼!"라고 설명하지만 않으면 됩니다.

경제교육을 위한 훈련 과정에서 간식을 이용할 때, 아이의 욕구를 제한하는 것을 미안해할 이유는 없습니다. 오히려 이런 생각은 어른들의 고정관념이에요. '많이 가지게 하고 싶다'는 부모의 욕심일 수 있습니다. 우리 아이가 언제나 남보다 많은 것을 가져야 행복할 거라고 생각하고 있지는 않은지 돌아봐야 해요.

지금 우리가 하는 훈련은 과자를 참는 훈련이 아닙니다. 주어진 예산 안에서 충분한 만족을 위해 선택하고 소비하는 연습을 하는 것입니다.

만약 그래도 아이가 안쓰러워 보인다면, 그냥 가끔씩 '간식 선물'을 주세요. 또는 훈련하는 날을 '일주일에 한 번' 정도로 정해두는 것도 좋아요.

간식 선물은 가끔씩 주는 것이 좋습니다. 너무 자주 주면 한정된 금액과 수량이라는 조건을 지키면서 자신의 만족도를 유지하는 선택을 연습하는 의미가 없어질 수도 있습니다. 그래서 간식 선물을 하실 때는 반드시 알려주셔야 합니다. "오늘은 엄마가 ○○에게 이걸 사주고 싶은 마음이 드는 날이야. 그래서 오늘만 특별히 사 주는 거야. 우리가 정한 규칙은 바뀌지 않을 거야"라고 말이죠.

이런 이벤트와 설명은 '선물은 요구에 의한 것이 아니라 주는 사람의 마음과 자발성에 의한 것'임을 은연중에 가르쳐 주는 기회가 되기도 합니다. 많이 사랑할수록 선물은 요구해서 받는 당연한 것이 아니라 상대의 마음에서 우러나 주는 것임을 알려주는 게 아이에게 더 좋겠죠.

Q 아이가 용돈으로 자꾸 싼 과자와 몸에 안 좋은 과자만 골라서 걱정이에요. 이럴 땐 사지 못하게 해야 하나요?

그냥 지켜보면 됩니다. 우리가 하는 훈련은 건강 먹거리 교육이 아니기 때문에 경제교육의 측면에서는 허용해주셔도 됩니다. 사실 건강도 크게 걱정할 이유는 없습니다. 사용할 수 있는 예산과 수량이 한도가 있기 때문에 어차피 많이 먹지 못합니다.

다만 아이에게 특정 알레르기가 있거나 피부나 기타 건강에 영향을 미칠 수 있다면 제한할 수 있습니다. 엄마의 소비기준에서 볼 때 위생, 재료, 조리법 등이 용납할 수 없을 때도 마찬가지입니다.

제한해야 할 때는 정직하고 단호하게 알려주어야 합니다. 돈이 부족하다든지, 다른 과자가 더 좋다고 말하는 것은 좋지 않습니다. 아이 입장에서는 선택의 권한을 행사하도록 허락해놓고, 부모가 납득하기 어렵거나 사전에 설명하지 않은 이유로 제한하면 부당하게 자신의 권한을 침해당한다고 느낄 수 있기 때문에 이유를 정확하게 알려주는 것이 좋습니다.

"그래 ○○과자랑 ○○아이스크림을 골랐구나. 우리가 정한 간식비에는 맞는 것인데, 엄마는 이 과자는 허락할 수가 없어. 왜냐하면, 너의 건강(아토피? 특정한 알레르기 등 아이의 상태와 엄마의 우려를 그대로 알려주고)에 좋지 않아. 엄마는 그래서 이건 빼고 간식을 다시 골랐으면 좋겠어. 그건 앞으로도 마찬가지야."

"싫어. 나 이거 아니면 안 먹을 거야."

이유를 설명해도 아이가 받아들이지 않을 수 있습니다. 이때 괜한 신경전을 벌이지 않기를 권합니다. 그냥 담백하고 평이한 어조로(하지만 단호하게) 이야기하는 것이 좋습니다.

"그래? 그럼 이번 주 간식은 사지 않는 걸로 하자. 엄마는 너의 건강에 해로운 과자를 사는 걸 허락할 수는 없어. 네가 새로운 간식을 고르지 않겠다면 이번 주 간식은 구입하지 않는 걸로 하고 집에 돌아가도록 하자."

고집을 부리고 서운해하겠지만 안 되는 일, 협상의 대상이 아닌 일에는 명확한 대응을 해서 원칙을 알려주는 것이 좋습니다. 물론, 아이가 마음을 바꾼다면 새롭게 간식을 고를 수 있게 도와주면 됩니다. 이 대화를 계기로 아이에게 건강한 간식을 고르는 방법을 알려줄 수도 있습니다.

아이에게 간식을 제한하는 상황을 피하고 싶다면, 간식 훈련을 시작하기 전에 엄마가 허락하지 않는 과자의 종류를 미리 알려주는 것도 방법입니다. 만약 아이가 끝내 고집을 피운다면 아이의 마음을 읽어주면서도 단호하게 이야기해 주는 것이 좋습니다.

"우리 ○○이가 마음을 바꾸는 게 어렵구나. 서운하고 속상한 마음은 알겠어. 하지만 너의 건강도 중요하기 때문에 어쩔 수 없어. 아쉽지만 다음 주에 다시 간식을 사기로 하고 오늘은 그만 돌아가도록 하자."

이처럼 가끔은 정말로 간식을 덜 사거나 중단해야 하는 경우도 발생합니다. 안타깝지만 이것 또한 교육의 과정입니다. 협상을 중단하거나 원칙을 고수하는 부모의 모습에서 아이는 어떤 종류의 조건이나 규칙은 반드시 지켜져야 한다는 것을 배우는 중요한 경험을 하게 될 것입니다.

> 7세

직접 돈을 써보게 하세요

협상과 조건 걸기를 통해 가격을 비교하고 선택하는 연습을 하기 시작한 아이는 자신이 주도하는 소비 경험을 확장하기를 원하게 됩니다. 그동안 아이는 그저 정해진 조건 하에서 물건만 고르면 되었죠. 물론 이것도 너무 어려운 선택과 결정이었지만 직접 물건을 고르고 돈을 지불하는 경험을 통해 중요한 교훈을 얻을 수 있습니다.

실제의 소비 경험이 주는 교훈은 바로, '되돌릴 수 없는 것! 선택은 언제나 무언가를 포기하는 결정'이라는 사실입니다. 아이는 돈을 직접 지불하면서 가진 돈이 사라지는 것과 원하는 물건이 생기는 경험을 하게 될 것입니다. 물건은 갖고 싶은데, 돈이 없어지는 것도 싫을 수 있습니다. 하지만 하나를 가지려면 다른 하나를 포기할 수밖에 없다는 것도 배우게 될 것입니다.

원하는 것을 얻으려면 돈이 사라져요

 어른들도 그렇지만 아이들도 자기가 직접 돈을 지불하고 물건을 사는 과정 자체를 무척이나 좋아합니다. 소비의 과정에서 심리적 만족과 쾌락을 느끼는 것이죠.

 물건을 직접 사용하면서 혹은 물건을 소유하거나 감상하면서 느끼는 만족감이 있습니다. 하지만 물건을 고르고 계산하는 소비행위(구매행위)가 주는 만족감도 커서 아이들도 주도적으로 물건을 고르고, 슈퍼마켓이나 문방구의 계산대에서 물건을 계산하고 돈을 지불한 뒤 물건을 건네받는 과정을 경험하고 싶어 합니다.

 하지만 아이가 직접 돈을 지불하게 하는 것은 소비 자체의 만족감을 경험하게 하거나 단순히 아이의 호기심을 충족하는 과정은 아닙니다. 계산대 앞에서 직접 주도적으로 돈을 지불하는 과정에서 아이는 '자신이 보유하고 있던 돈(현금자산)이 자신이 선택한 소비대상과 교환되는 과정'을 실제로 경험하게 됩니다. 교환과정, 즉 원하는 물건에 대해 대가(돈)를 치르는 과정을 현장에서 확인하며 배우는 것입니다. 다시 말해, '원하는 물건을 가지는 대신에 손에 들고 있던 '돈'은 없어지게 된다'는 단순하지만 중요한 교환의 원리를 체험으로 배우게 되는 것입니다.

 이것이 바로 '손실의 경험'입니다. 그동안 아이는 손실 없는 구매경험만 했다는 것을 아셔야 합니다. 지불 경험을 통해 아이가 구매활동과 이로 인한 현금 손실을 경험하는 것은 매우 중요합니다.

아이가 직접 소비할 때도 현금이 기본이에요

"엄마, 나 저거 사주세요."

"지금은 안 돼, 나중에 사자."

"왜요?"

"돈이 부족해. 돈은 막 써버리면 안 되는 거야~~"

"그럼 카드 쓰면 되잖아요. 은행에서 뽑으면 되잖아요."

많은 부모가 아이들과 이런 대화를 한두 번은 하셨을 겁니다. 어쩌다 우리 아이들이 돈이 저절로 생기는 것이고, 힘들게 벌어야 한다는 것을 모르게 되었을까요?

아이들의 잘못이 아닙니다. 어른들이 아이들이 그렇게 오해하도록 만든 것입니다. 아이들에게 한 번도 제대로 '누구나 물건을 사면 돈을 지불해야 하고, 이렇게 지출한 돈은 내 통장(지갑이나 저금통)에서 영영 사라지는 것'이라는 것을 보여준 적도, 알려준 적도 없기 때문입니다. 부모가 쓰는 신용카드에는 결제일이 정해져 있고, 통장에 한정된 금액이 있다는 것을 알려준 적이 없으니 오해하는 것은 당연합니다.

이런 오해를 없애주려면 아이가 직접 구매하는 경험을 하게 해주어야 합니다. 아이와 구매경험을 진행하는 과정은 다음과 같습니다.

> ① 지출할 예상 금액의 돈을 정하고(예산 수립), 해당 금액을 아이에게 지급한다.
> ② 사려고 하는 물건의 내용과 수량을 아이와 협의한 후(구매계획)
> ③ 아이가 지급받은 돈을 가지고 실제 소비를 진행한다(소비실습).

이미 ①과 ②는 6세의 훈련과정을 통해 일상이 되어있을 것입니다. 7세에 추가된 훈련은 ③ '직접 소비하기' 뿐입니다. 그리고 이것이 핵심과정입니다. 소비실습은 반드시 아이가 예산이 정해졌을 때부터 돈을 지급받고, 소비활동을 직접 수행하고, 현금을 사용하는 것이 중요합니다.

왜 꼭 현금을 사용해야 하는지는 신용카드를 사용할 때와 현금을 사용할 때의 소비과정을 비교해 보면 분명해집니다.

신용카드를 쓸 때와 현금을 쓸 때의 구매과정	
신용카드를 쓸 때	현금을 쓸 때
① 물건을 고르고, 계산대에 도착한다. ② 계산원이 바코드를 찍고, 물건을 넘겨 준다. ③ 부모가 카드를 제시하면 ④ 멋지게 사인하고 종이 한 장과 카드를 돌려받는다. ⑤ 인사를 받으며 물건을 가지고 나온다.	① 집에서 구매계획(간식의 수와 한도금액)을 세우고 돈을 받는다. ② 받은 현금을 가지고 마트에 도착한다. ③ 물건을 고르고, 계산대에 도착한다. ④ 계산원이 바코드를 찍고, 물건을 넘겨 준다. ⑤ 가지고 간 현금을 주고, 거스름돈과 작은 종이영수증을 받는다. ⑥ 인사를 받으며 물건을 가지고 나온다.

신용카드를 쓸 때는 아이의 눈높이에서 어느 단계를 살펴봐도 손실이 발생한다는 사실을 알 수 없습니다. 신용카드를 사용하면 은행에서 사용한 금액만큼 지출된다는 설명을 해줄 수도 있지만, 아이가 체감하기는 어렵습니다. 그래서 신용카드를 사용한 구매경험은 아이에게 소비활동이 그저 '즐거운 물건 고르기 놀이'로 기억될 수 있습니다. 물건을 구매하고 카드로 지불하는 과정이 아이 입장에서는 아무것도 대가로 지불하지 않고, 그냥 물건만 골라서 돌아오는 행위로 느껴질 수 있다는 것입니다.

현금을 사용할 때는 다릅니다. 이 과정에서 아이는 두 가지 경험을 추가적으로 얻게 됩니다.

첫째는 돈을 지급받았을 때 느끼는 플러스 감정입니다. '돈이 생겼다. 나의 돈이 생겼다'는 뿌듯함, 즐거움, 포만감 등을 느낄 수 있습니다.

두 번째는 현금을 지불하고 난 뒤에 느끼는 마이너스 감정입니다. '물건이 생긴 것은 좋지만, 나의 돈이 사라진 것은 아깝다'는 손실로 기억되는 것입니다.

이 경험을 한 후 시간이 조금 더 지나면 아이는 물건으로 인해 생긴 만족감과 돈이 사라진 것으로 인한 손실감을 비교하게 되기도 합니다. 처음에 기대했던 것보다 만족감이 작거나 구매한 물건이 만족스럽지 못하는 등의 상황이 생길 수 있으니까요.

이것이 구매행위에 대한 평가입니다. 이렇게 현금을 사용한 소비 경험은 구체적인 설명 없이도 직접적인 손실이 발생한다는 사실을 알 수 있게 해줍니다.

주의할 점이 하나 더 있습니다. 같은 현금지출도 엄마가 들고 가서 지출한 2,000원과 아이가 들고 간 2,000원 중에 어떤 것을 더 크게 느낄까요? 당연히 아이가 직접 들고 간 2,000원입니다.

엄마가 대신 현금을 내주면 아이 입장에서는 '엄마가 돈을 내고, 나는 과자를 받는다'로 인식하기 쉽습니다. 아무리 '네 돈이야'라고 설명해도 내 소유라는 감정이 쉽게 생기지 않을 수 있습니다.

하지만 아이가 가지고 있던 현금을 내면 '내가 가진 돈을 과자와 바꾼다. 돈이 사라지고 과자가 생겼다'로 인식되는 차이가 발생합니다. 아이의 눈높이에서 '내가 가지고 있던 돈이 없어지고 나의 간식이 생기는 것'입니다. 당연히 아이가 느끼는 손실의 크기가 다릅니다. 손실의 크기가 크게 느껴져야 소비를 신중하게 할 요인이 발생하는 것입니다.

남은 돈, 엄마가 가져야 할까요? 아이가 가져야 할까요?

예산을 정하고 구매계획을 수립하여 소비실습을 진행할 때 몇 가지 추가적인 상황이 발생할 수 있습니다. 예를 들어 애초에 합의한 금액보다 싸게 물건을 구입하여 돈이 남았을 때, 이 돈은 엄마가 갖는 것이 좋을까요? 아이가 갖는 것이 좋을까요?

둘 다 가능합니다. 다만 사전에 결정되지 않은 내용을 갑자기 요구하지 않는 것이 중요합니다. 쉽게 말해, 사전에 남은 돈을 어떻게 할 것인지 결정하고 움직이면 됩니다.

만약 아무 결정도 하지 않고 구매를 진행했다면, 혹시 아이가 남은 돈을 가지고 싶어 하더라도 회수하는 것이 좋습니다. 그리고 다음번에 진행될 구매활동 때는 미리 결정하자고 말해주면 됩니다. 한 가지 원칙으로 일관하지 않고, 그때그때 잔돈을 어떻게 할지 결정하는 것도 나쁘지 않습니다. 항상 아이와의 협상은 '늘 한쪽이 이기는 경험은 좋지 않다는 것'만 기억하시면 됩니다.

부모끼리 먼저 결정해요

미리 남는 돈을 어떻게 결정할지 정하지 않았다면 쇼핑이 끝나고 집으로 돌아왔을 때 결정해야 합니다. 다만 아이와 이 문제를 결정하는 대화를 시작하기 전에 아이의 상태에 대해 부모가 함께 점검하고 진단하여 합의해야 합니다.

물론 이 대화는 아이가 없는 곳에서 해야 합니다. 부모의 대화내용을 아이가 잘 모를 것이라고 생각하기 쉽지만 아이들은 자신에 대해 부모가 이야기하는 것을 굉장히 잘 느끼고 귀를 세워 듣는답니다.

쇼핑원칙에 대해 어느 정도 합의가 되었다면, 이제 남은 돈을 어떻게 할 것인지를 부모가 신중하게 생각하고 결정하는 모습을 보여주세요. 아이 앞에서 약간의 미세 조정을 하고, 함께 정한 원칙을 알려주시면 됩니다. 그렇게 하면 아이는 '우리 부모는 서로 합의해서 정한 원칙을 쉽게 바꾸지 않는다'는 것을 알게 됩니다.

구매경험은 부모 외에 할아버지나 고모, 삼촌 등 주변 어른들과도 다양하게 할 수 있습니다. 만약 어른마다 적용하는 원칙이 달라진다면 문제가 발생할 수 있겠죠? 그래서 부모가 정한 원칙을 주변 공동양육자 또는 보조양육자인 어른들에게 알려주고, 함께 참여해 줄 것을 이야기하는 과정도 중요합니다.

상황별로 남은 돈을 처리 방법을 달리해도 좋아요

언제나 똑같은 원칙을 적용할 필요는 없습니다. 만약 연습 초기라면 남은 돈을 그대로 회수하는 것이 좋습니다. 아이가 아직 훈련되지 않은 상태에서 너무 많은 선택지를 제공하면 지레 겁을 먹게 되거나 혼란스러워 할 수 있기 때문이에요.

　아이가 구매훈련을 잘 수행하고 있고 좀 더 다양한 소비 경험을 제공해도 되겠다고 생각되고, 협상을 제안하는 일에도 익숙한 상태라면 아이의 소유로 남겨둘 것을 권하고 싶습니다. 조금 더 난이도 높은 훈련을 시작할 수 있기 때문입니다.

　예를 들면 동네 슈퍼마켓에서 아이가 먹을 간식을 사러 가기로 하고, 2,000원의 예산으로 과자와 아이스크림을 한 가지씩 사기로 정했을 경우, 두 가지 품목을 아이가 골라서 직접 들고 간 현금으로 계산하고 물건과 거스름돈을 받게 합니다. 이때 아이가 소비한 실제 금액이 1,800원이라면 200원의 거스름돈을 받을 것이고, 이 돈은 아이의 소유로 남겨두라는 것입니다.

　이런 조건으로 아이에게 소비하는 선택을 하게 한 경우 아이는 매우 신중하게 물건의 가격과 자신의 욕구를 따져가면서 가능한 만족스러운 소비를 하기 위해 노력하게 됩니다. 다시 말해 제일 좋아하는 간식을 선택하는 것과 동시에 조금이라도 많은 거스름돈을 남기고자 노력하게 된다는 것이죠.

이것이 선택의 가능성이 커지는 것에 따른 고민의 확장입니다. 남은 돈을 아이에게 주겠다고 했을 때 아이는 추가로 소비를 신중하게 하면 돈을 남길 수 있다는 사실을 체감하게 됩니다.

만족을 줄이고 돈을 남기는 것은 절약이 아니에요

여기서 돈을 남긴다는 것에 추가 전제가 한 가지 붙습니다. 바로 '만족을 줄이지 않고!'라는 것입니다.

만족을 줄이고 돈을 남기는 것은 절약이 아닙니다. 절약은 만족이 동일하거나 크게 해치지 않는 정도의 타협으로 비용이 절감되는 것입니다. 만족도 적고 비용도 적게 지불되는 것은 어떤 걸까요? 쉽게 말해서 '싼 것'을 구매한 것입니다. 우리가 보통 이야기하는 가격대비 성능이 좋은 물건, 즉 가성비가 좋은 물건은 어떤 걸까요? 바로 만족이 유지되는데, 가격도 저렴한 물건입니다. 소비자 입장에서 좋은 물건이죠.

아이는 다양한 경우의 수를 고민하게 됩니다. 과자 두 개를 살 때, 과자 한 개와 아이스크림 한 개를 살 때, 과자 한 개만 사고 남는 돈을 키웠을 때, 이런 여러 가지 상황을 고민하고 자신의 만족감이 커지는 선택을 찾습니다. 이런 신중한 결정을 위한 연습을 하는 것입니다.

이때 어떤 아이들은 간식 자체를 포기하고 그냥 돈을 가지려고 합니다. 생각보다 많은 아이들이 돈을 소유하는 즐거움을 더 크게 여기기도 하는데 자연스러운 모습입니다.

다만 우리는 아이가 자기 욕구를 돈과 바꾸는 인색한 사람이 되라고 경제교육을 하는 것이 아닙니다. 따라서 아이가 소비를 포기하는 경우에는 미리 정한 소비를 하지 않는다면 돈을 주는 일도 없을 것이라는 점을 확실하게 알려주는 것이 좋습니다. 자신의 노력으로 아껴 쓰고, 불필요한 소비를 줄이는 것은 좋지만, 아무것도 쓰지 않고 그냥 돈을 움켜쥐고 있으려는 모습은 돈에 집착하는 다른 모습일 뿐이기 때문입니다.

간식 사기 활동, 이렇게 해야 효과가 좋아요

아이가 정해진 금액 안에서 정해진 수량을 지키며 소비를 결정하는 일은 생각보다 힘든 작업입니다. 여기에 남는 돈까지 고민해야 한다면 당연히 아이는 큰 부담을 느끼게 됩니다. 그래서 이렇게 난이도가 높아진 '간식 사기 활동'은 일주일에 한번 정도로 횟수를 제한하는 것이 좋습니다.

일정한 날짜에 계획된 소비를 하는 연습을 하면 소비활동을 미리 준비하고 예상할 수 있는 습관을 만들어 줄 수 있습니다. 또한 어려운 미션을 수행하는 날을 이벤트로 만들어주어 아이가 기대하고 성취감을 느끼는 일로 만들어줄 수도 있게 됩니다.

예를 들면 '매주 월요일 저녁은 우리 ○○이가 직접 간식 사는 날' 같은 제목을 붙여주는 것이죠. 미리 정해둔 예산금액을 아이에게 지급하고, 구입할 간식의 종류와 수량을 간단히 정하고 마트에 가서 자유롭게 골라 담은 후 합계 금액을 계산하여 알려줍니다.

아이가 직접 간식을 사는 것은 어려운 일입니다. 예를 들어 일주일 간식비를 5,000원으로 정했는데, 고른 과자의 합계 금액이 5,700원이라면 한 개의 과자를 빼는 선택을 추가해야 합니다. 아이에게 쉽지 않은 선택이겠죠? 때문에 '간식 사는 날'에는 염두에 두어야 할 것이 있습니다.

① 충분한 시간 여유를 가지고 마트에 방문해요

아이가 혼자서 정해진 금액 안에서 먹고 싶은 간식을 사는 일은 쉬운 일이 아닙니다. 그만큼 아이의 고민은 많고, 고민이 깊을수록 시간은 늘어나겠죠. 평상시보다 마트에서 보내는 시간이 길어질 것인데, 이때 부모가 결정을 재촉하지 않고, 차분하게 기다려줘야 합니다.

② 아이들은 부모의 신호에 민감해요

특히 평가하는 말과 한숨을 조심해야 합니다. 아이들은 엄마의 신호와 평가에 민감하게 반응합니다. "이거 골라도 돼?"라는 이야기는 허락을 구하는 말이죠. 또한 두려워서 구매의 판단을 엄마에게 넘기거나 나중에 지적당하고 싶지 않아 허락을 구하는 것일 수도 있습니다.

이런 경우 가능하면 과자의 성분이나 금액합계 등을 물어보는 질문에만 도움을 주도록 합니다. 구매여부를 결정하는 최종 판단까지 아이가 할 수 있도록 참견을 자제하고 평상심을 유지하며 쇼핑도우미 역할에만 충실할 것을 부탁드립니다. 다만 돈 계산은 재빨리 도와주는 것이 좋아요.

③ 아이에게 지갑을 준비해 주세요

'간식 사는 날'이 되면 합의된 예산 금액을 우선 지급합니다. 가능하면 아이가 돈을 가지고 있는 시간이 긴 것이 좋아요. 이 경우 가끔 아이가 돈을 잃어버리는 일도 발생합니다. 이때 아이를 너무 혼내지 않도록 해요. 돈을 잘 보관하지 못해 분실하는 경험도 필요합니다. 아이는 다음부터는 자기 돈을 잘 보관하기 위해 신경 쓸 것입니다. 돈을 분실했을 때 너무 심하게 혼을 내면 아이는 두려움을 느끼고 소비활동을 주도적으로 실행하는 것 자체를 거부하게 될 수도 있습니다.

한 달에 한 번 책방 나들이

민준이는 '간식 사는 날' 이외에도 '한 달에 한 번 헌책방 나들이'를 하곤 했습니다. 매월 주말 하루를 정해서 집 근처의 헌책방에 나들이를 갑니다. 정해진 구입 수량은 한 달에 책 두 권입니다.

목걸이 지갑에 책 두 권을 살 수 있는 돈 10,000원(헌책방은 참 저렴한 책도 많습니다)을 넣고 함께 버스를 타고 나섭니다. 책방에 도착하면 엄마의 눈치를 보지 않고 민준이가 스스로 헌책방을 뒤져서 두 권의 책을 고릅니다. 민준이는 언제나 만화책, 학습만화, 기괴한 이야기책 같은 것을 고르곤 했습니다.

엄마가 골라주는 책과 달리 자신이 읽고 싶어서 고른 책은 언제나 가장 먼저, 가장 많이 읽는 것은 당연하겠죠. 자기가 좋아하는 책이니 많이 사고 싶지만 정해진 수량은 한 달에 두 권, 정말 열심히 헌책방의 어린이 코너를 뒤지고 여러 책을 읽어보고 나서야 결정하곤 했습니다. '책 좀 읽으라'는 잔소리를 할 필요가 없는 하루가 되는 것이죠. 열심히 고른 책 두 권을 들고 계산대에서 돈을 내고 책을 구입하면 씩씩하게 외칩니다.
"엄마 이거는 내가 들고 갈 거야. 내 책이니까"

아이가 느끼는 만족감과 스스로 가지는 뿌듯함이 절로 보이는 시간이었습니다. 물론 만화책 말고 다른 것도 사면 얼마나 좋을까 하는 아쉬움은 있습니다.

3장

용돈 훈련을 시작해요

초등학교 저학년(8~10세)

> 8~10세

돈을 제대로 다루는 훈련을 하려면 용돈이 필요해요

아이가 초등학생이 되면 '용돈'을 주는 것이 좋습니다. 어른들에게 용돈은 '사용처를 특별히 정하지 않은 돈, 즉 마음대로 쓰기 위한 마음의 비상금' 같은 것인데, 아이들에게 주는 '용돈'은 의미도 목적도 다릅니다.

아이들의 '용돈'은 '돈 관리법을 연습하는 도구'입니다. 아이에게 별도의 용돈을 주지 않아도, 부모는 이미 아이에게 필요한 지출을 하고 있습니다. 간식비, 의류비, 문화비, 교육비 등의 이름으로 지출하던 것의 일부를 '용돈'으로 바꿔 주는 것이죠.

용돈을 준다는 것은 아이에게 돈을 집행할 수 있는 권한과 책임을 넘겨준다는 것을 의미합니다. 따라서 아이는 용돈을 통해 돈을 관리하는 방법을 훈련할 수 있습니다.

용돈 훈련을 시작하기 위한 준비

초등학교 1학년이 되면 경제교육의 도구로 '용돈'을 활용할 수 있어요. 아이에게 용돈을 주는 목적은 분명해요. 바로 돈을 관리하는 연습을 시키는 것이죠. 그래서 용돈 훈련을 시작할 때, 아이에게 '① 용돈의 의미'와 '② 용돈의 소유권과 결정 권한이 누구에게 있는지' 알려줄 필요가 있습니다.

우선 용돈의 의미를 분명히 알려줘야겠죠? 용돈이 그냥 마음대로 쓰라고 주는 돈이 아니라 '돈을 관리하는 훈련을 위한 것'이라는 것을 이야기해주어야 합니다.

용돈의 소유권과 결정 권한이 누구에게 있는지도 알려주어야 합니다. 용돈의 소유권은 부모에게 있습니다(1장 참조). 용돈을 준다는 것은 부모의 소유권을 돈을 사용할 결정 권한(권리)과 함께 아이에게 넘겨주는 것입니다.

하지만 최종 권한은 언제나 부모에게 있다는 것을 이야기해 주어야 합니다. 그래야 아이가 용돈이 자기 돈이어서 마음대로 써도 된다고 착각하지 않습니다.

다만, 이러한 내용을 통보하듯이 전달하면 안 됩니다. 앞으로 아이의 의견을 충분히 반영하여 천천히 용돈 훈련을 진행할 것이고, 부모가 언제나 아이를 위한 고민과 노력을 하고 있다는 것을 이야기해 주어야 해요.

용돈 훈련은 매우 천천히 진행해야 합니다. 또한 용돈 금액과 사용처를 적게 정하고 시작하는 것이 좋습니다.

권한과 함께 책임도 지도록 해요

모든 권리에는 책임이 따릅니다. 성인이 된다는 것은 사회적·재정적으로 보호자에게서 독립하는 것으로 권한과 책임을 모두 갖는 것을 의미합니다. 권한은 누리고, 책임은 회피하고 싶어 한다면 잘 성장한 성인이라고 할 수 없습니다.

용돈 훈련을 할 때도 돈을 사용할 권한을 주는 것에서 끝나면 안 됩니다. 돈을 사용한 결과에 대한 책임도 자녀가 지도록 해야 합니다. 다만 '책임을 진다는 것'을 '벌을 준다는' 것으로 오해하시면 곤란합니다. 뒤에서 다시 설명할 것이지만 책임과 벌은 다릅니다.

용돈의 사용과 관련된 의사결정을 통해서 아이는 '지금 사도 되는지(지금 돈을 써버려도 되는지)', '돈을 쓰는 것을 계획하고 준비할 필요가 있는지(마음 내키는 대로 사용해도 괜찮은지)' 생각하게 됩니다. 그리고 부모가 아이에게 '나중에 한 번 더 생각하자(조금 더 알아보고 지출을 결정하자)'고 물어보고 설득하는 과정은 아이에게 쓰는 돈이 아깝다는 의미가 아니라 그 돈으로 할 수 있는 다른 것들의 가능성을 생각해보고 선택하는 과정을 연습하기 위한 것임을 배우게 될 것입니다.

이러한 것을 배우기 위한 출발로 용돈 훈련을 시작하는 것이고, 현재 아이는 8~10세 정도의 어린아이라는 것을 반드시 기억해 주셔야 합니다. 왜냐하면 초등학교 저학년을 대상으로 용돈 훈련을 시작할 때 너무 높은 목표와 성취를 요구해서는 안 되기 때문입니다.

용돈 훈련에서 중요한 것은 아이가 실패하고 실수하는 경험입니다. 용돈 훈련을 하다 보면 ① 용돈을 정해진 곳에 잘 사용하지 못하고 ② 미처 생각하지 못한 지출을 경험하고 ③ 친구들에게 선심을 쓰다 용돈이 부족해지는 등의 경우가 종종 발생합니다. 이러한 실수와 실패를 반성하고 바로잡는 일 역시 아이가 배워야 할 돈 관리를 위한 경제교육입니다. 다시 말하면 용돈 훈련의 과정에서 아이가 겪는 시행착오가 바로 '교육적 효과'라는 것을 기억해 주셔야 합니다.

기본적으로 돈을 관리한다는 것은 자기소득에 맞게 소비를 관리하고, 앞으로 필요한 지출을 준비하는 것인데, 무척 어려운 일입니다. 이렇게 어려운 일을 연습하고 배우기 위한 훈련이 경제교육이고, 용돈을 이용한 돈 관리 연습입니다. 그러니 기대와 요구를 낮추고, 느린 호흡과 걸음으로 시작하기를 권해드립니다.

용돈 기입장, 꼭 쓰게 해야 할까요?

경제교육에서 가장 흔한 것이 '가계부 쓰기'와 '용돈기입장 작성하기'입니다. 잘 정리된 지출기록은 그 자체로 돈 관리의 허점과 보완책을 찾을 수 있는 도구가 되기 때문에 어른들을 위한 경제교육에서는 '가계부'를, 아이들을 위한 경제교육에서는 '용돈 기입장'을 많이 권합니다.

아이들에게 용돈 기입장을 쓰게 하는 게 정말 경제교육에 도움이 될까요? 대부분의 아이들은 '용돈 기입장' 쓰기를 싫어합니다. 왜 그럴까요? 가장 큰 이유는 '엄마한테 혼나기' 때문입니다.

　글씨를 못 쓴다고 혼나고, 매일매일 지출한 내용을 빠짐없이 기록해야 하는데 빼먹는다고 혼나고, 숫자 계산(남은 돈 계산)이 틀린다고 혼나고, 엄마 마음에 안 드는 일에 지출했다고 혼납니다. 그러니 아이 입장에서 용돈 기입장을 쓰는 게 좋을 리 만무합니다.

　하지만 아이를 혼내는 이유 중에서 '경제교육'과 관련된 내용은 없습니다. 글씨를 못 쓰면 어때요. 돈 관리의 기초자료로 사용하기 위해 필요한 것이 '지출기록'인데 알아볼 수만 있으면 되는 것 아닌가요?

　무엇이 빠졌는지 기억해낼 수 있다면 지출한 내용이 한두 가지 빠진 것도 큰 문제가 안 됩니다. 약속한 기록을 하지 않아서 져야 하는 책임과 손해는 아이의 몫이니까요. 숫자 계산은 '계산기'도 있고 확인 과정에서 바로잡으면 되는 일이고, 지출권한을 아이에게 넘겨주었기 때문에 엄마 마음에 안 들었다고 혼낼 일도 아닙니다.

　부모들은 '자기가 돈 쓴 걸 기록하다 보면 필요한 일과 그렇지 않은 일을 구분하고 반성해서 필요한 일에 돈을 쓰게 된다'고 기대하고 있습니다. 하지만 아이들은 성인과 다릅니다. 성인들은 가계부를 쓰면서 자신의 소비습관을 돌아보고 반성하면서 지출구조를 개선해나갈 수도 있지만 아이들은 필요한 것과 원하는 것을 같은 의미로 이해합니다. 아이가 원하는 것이 곧 필요한 것이니 불필요한 지출을 했다고 반성할 일도 없습니다.

　이처럼 용돈 기입장을 쓴다고 소비를 반성하고 더 나은 소비를 하는 것이 아니어서 꼭 용돈 기입장을 쓰게 할 필요는 없습니다.

> 8세

용돈 훈련을 시작해요

8세는 용돈 훈련을 시작할 수 있는 나이입니다. 이미 구매활동을 경험한 아이들에게 용돈 훈련은 새로운 훈련이 아닐 것입니다. 지출하는 금액이 크게 증가하거나 지출 항목 역시 크게 달라지는 것은 아니기 때문입니다.

우리의 훈련방식은 이전의 활동에 난이도와 범위를 확장하는 방식으로 점층적으로 심화하면서 진행됩니다. 아이는 이제 7세까지의 활동경험을 바탕으로 보다 구체적인 예산 세우기(지출 계획하기)와 실행을 경험하게 될 것입니다.

용돈 훈련을 하는 목적은 '정해진 항목에 맞게 지출하는 연습'을 하는 것입니다. 용돈 훈련을 통해 아이는 다음 3가지를 배우고 연습할 수 있습니다.

① 용돈의 의미와 용돈의 소유권과 결정권이 누구에게 있는지 배우게 됩니다.

② 용돈을 통해서 '또래모임에서 지출하는 기준'을 배우게 됩니다.

③ 매월의 용돈 예산서와 지출 계획하기의 연습을 시작합니다.

용돈을 주기엔 너무 이르지 않을까요?

"이제 8세인데, 용돈을 주는 게 너무 빠른 게 아닐까요?

많은 부모들이 이런 걱정을 합니다. 맞습니다. 부모 세대가 성장할 때와 비교하면 조금 빠른 활동입니다. 하지만 기억해야 할 것은 우리가 아이의 돈 관리 연습을 위한 훈련을 시작하고 있다는 사실입니다.

아이가 어린이집에 다니기 전부터 칫솔질, 세수하기, 신발 끈 묶기 같은 연습을 시키는 부모들이 많을 것입니다. 이 나이 때는 대근육과 소근육이 모두 발달하지 않아 이런 작업들을 수행하기 어려운데도 아주 조금씩이라도 연습을 시킵니다. 그래야 익숙해질 수 있으니까요.

용돈 훈련도 마찬가지입니다. 용돈 훈련은 배우고 연습하기를 반복하면서 결국엔 익숙해지기 위한 훈련이고, 돈 관리를 위한 좋은 습관을 만들어주기 위한 교육입니다.

습관은 쉽게 만들어지지 않습니다. 특히 돈을 관리하는 것처럼 어려운 기술이 습관이 되려면 많은 시간과 노력이 필요합니다. 때문에 아이가 실제로 돈과 관련된 문제를 경험하게 될 시기에 학습을 진행하면 시행착오의 기억만 남고 훈련의 성과는 늦게 나타나 당장 문제를 해결하는 데는 도움이 되지 않을 수 있습니다.

그래서 우리의 훈련과정은 아이의 성장시기보다 반걸음 정도 앞선 시기에 연습을 시작하는 것입니다. 반드시 기억해야 할 것은 우리의 경제교육 목표는 재테크 영재를 키우기 위한 조기교육이나 재무전문가 같은 아이를 만들기 위한 것이 아니라 '반걸음만 일찍 출발하는 자기 돈 관리의 방법을 알려주는 교육'입니다.

'반걸음 앞선 것'의 의미를 반대로 생각해보면, 부모가 생각하는 것보다 아이에게 용돈이 필요한 시기가 일찍 다가온다는 의미이기도 합니다. 아이들도 '자기돈'이 필요해지는 것이죠.

8세가 너무 어리다고요? 마냥 어린 나이는 아닙니다. 8세는 초등학교에 입학하여 처음으로 부모의 감독에서 벗어나 또래의 아이들과 다른 어른(학교 선생님 등)과의 독립적인 사회관계를 만들어나가는 나이이기도 합니다. 저는 '아이에게 사생활이 생기는 시기'라고 설명합니다.

아이가 독립된 개체로 성장하면서 아이와 부모 사이의 거리는 자연스럽게 멀어져야 합니다. 계속 부모와 너무 밀착한 상태를 유지하는 것도 좋은 모습은 아닙니다. 거리가 생겼다는 것은 아이가 성장했다는 것이며, 이때부터 성장단계에 걸맞은 권한과 책임을 알려주어야 합니다. 적어도 그렇게 하기 위한 준비는 시작해야 합니다.

독립적인 사회관계를 만들어나간다는 것은 아이가 사회적으로 독립된 개체로 첫걸음을 시작했다는 것이어서 당연히 용돈 교육도 본격적으로 시작해야 합니다. 왜냐하면 재정적 독립과 사회적 독립은 반드시 함께 진행되어야 하는 것이기 때문이죠.

초등학교 입학 초기(3월경)에는 아이의 일상이 이전과 크게 달라지지 않습니다. 학교 수업도, 매일의 일과도 유치원 때와 크게 변화가 없어 아이의 소비활동 역시 크게 달라지지 않을 것입니다.

그러나 학교생활이 어느 정도 안정을 찾고 정상궤도에 오르는 시기

(5~6월)가 되면 아이들은 부모가 알아채지 못하는 사이에 조금씩 또래 그룹을 형성합니다. 친구들과 같이 하교하면서 간식모임을 갖기도 하고, 학교 앞의 문방구를 들르고, 쇼핑하는 활동을 시작합니다.

물론 그 횟수와 금액 등은 매우 소액이고, 그룹 내의 한두 아이가 주도하는 경우가 대부분입니다. 이런 또래 모임이 진행되면서 아이들 사이의 차이도 생겨나기 시작합니다. 아이들 모임은 상대적으로 자유롭게 사용할 수 있는 돈을 가지고 있는 아이나 소비활동에 익숙한 아이가 주도하는 경우가 많습니다. 그런 아이들을 보면서 다른 아이들도 그 아이처럼 돈을 쓰고 싶다는 욕구를 가지게 되는 것이죠. 그래서 이 시기의 아이들은 엄마에게 하나하나 허락받지 않고 쓸 수 있는 돈, 내가 갖고 다닐 수 있는 돈을 가지기를 원하게 됩니다. 이것이 바로 아이들이 생각하는 '용돈'입니다.

"엄마, 내 친구 ○○이는 매일 간식도 사주고 하는데, 나는 매일 얻어먹기만 해서 마음이 좋지 않아요."

어느 날 갑자기 아이가 이런 하소연을 한다면 '용돈을 갖고 싶다'는 신호를 보낸 것입니다. 아이가 어려 혼자 소비할 필요나 욕구가 없을 거라 생각했던 부모들은 당황할 수밖에 없는데, 아이가 이런 말을 하면 아이의 주간 간식비와 약간의 문방구 쇼핑을 하기 위한 '용돈'에 대해 협의하고 실행할 시기가 왔다고 생각해야 합니다.

아이가 용돈이 필요하다는데, 어떻게 하죠?

8세 아이를 둔 부모들은 대부분 '우리 아이는 아직 용돈이 필요하지 않다'고 말합니다. 아이도 그렇게 생각할까요?

경제교육 강의를 듣고 혹시나 하여 아이에게 용돈이 필요한지 물어보자 바로 '네' 하고 대답해 놀랐다는 분들이 많습니다. 8세 지윤이(가명) 엄마의 사례입니다.

지윤이 엄마는 용돈이 필요한지를 묻자마자 지윤이가 바로 "네"라고 대답해 깜짝 놀랐습니다. 이유를 물어보니 지윤이가 똑 부러지게 대답합니다.

"친구들과 같이 분식집이나 문방구에 자주 가는데 나는 돈이 없어서 그냥 쳐다보거나 얻어먹기만 했어요. 그래서 용돈을 받고 싶어요. 나도 사주고 싶어요. 일주일에 5,000원씩 받고 싶어요."

아이가 받고 싶은 금액까지 정해 지윤이 엄마는 속으로 더 놀랐는데, 아이는 또 다른 고민을 털어놓았습니다.

"지금껏 친구들에게 얻어먹은 걸 갚으려면 5,000원을 받아도 다 써야 하잖아요. 그럼 내가 하고 싶은 걸 당장 하지 못하니까 살짝 고민이 돼요. 빚진 거를 먼저 해결하고 용돈을 받기 시작했으면 좋겠어요."

지윤이 엄마는 갑작스럽게 용돈을 주게 된 것도 당황스러운데, 해결해야 할 문제가 있으니 어떻게 하면 좋을지 모르겠다며 조언을 구했습니다. 지윤이 아빠는 아이 친구들에게 맛있는 것을 사주는 것으로 아이의 고민을 해결해주고 싶어 하는데, 아이는 자기가 직접 하고 싶다고 해서 난감하다고 했습니다. 지윤이 엄마는 딸의 어려움을 해결해주고 싶은 아빠의 소망과 자기가 직접 신세를 갚고 싶은 아이의 소망 모두를 이뤄주고 싶다고 하는데, 어떻게 해야 할까요?

아빠보다 아이 소망이 우선이에요

일단 이 두 가지 소망을 분리하는 작업부터 해야 합니다. 우선, 아이의 입장에서 생각해 보면 아빠가 친구들에게 맛있는 걸 사주는 건 자기가 하는 게 아니라 친구들이 아빠에게 받는 거예요. 계산이 명확한 타입의 아이인 것이죠. 아빠가 베풀어주는 선물과 자신이 하는 것을 구분하고 있잖아요. 그만큼 공정하고 성숙하다는 의미입니다. 이런 아이의 생각을 아빠에게 알려주세요. 딸의 친구들에게 맛있는 걸 사주는 건 좋은데, 아이의 빚진 마음을 아빠가 사주는 것으로 대신해 줄 수는 없다고 말이죠.

아빠도 이제 딸의 마음을 살피고 이해하는 데 동참하셔야 합니다. 그리고 누구의 마음이 우선인지 따진다면, 당연히 아이 마음이 우선입니다. 아빠의 마음은 용돈과 별개로, 친구들을 한번 초대해서 맛있는 걸 사주는 '아빠데이?' 같은 형태로 위로해 주셔도 좋을 것 같습니다.

다음으로 아이가 친구들에게 그동안 얻어먹은 것을 갚는 것은 일종의 '빚잔치'라고 할 수 있겠네요. 아이는 그 동안 친구들에게 받은 것에 대한 부채의식이 있는 겁니다. 타인에게 받은 것을 기억하는 좋은 모습이에요. 이런 경우 몇 가지 대안을 제시하고 아이와 협의할 필요가 있습니다.

 **단번에 해결하고 용돈을 바로 시작하는 방법**

아이가 기존에 가지고 있던 돈이 있다면 이 일에 쓸 수 있는 돈을 정해서 해결하고, 용돈 훈련을 시작하는 방법입니다. 만약 아이가 가진 돈이 충분하지 않거나 모아둔 자기 돈을 사용하고 싶어 하지 않는다면 엄마가 선물처럼 친구들에게 맛있는 것을 사줄 수 있는 금액의 돈을 주는 것도 방법입니다. 다만 어디까지나 엄마가 납득할 수 있는 이유가 있어야겠죠?

 **용돈을 먼저 시작하고, 조금씩 모아서(친구 초대용 항목을 만든다) 해결하는 방법**

우선 해결하고 싶은 아이의 마음은 이해하지만 스스로 해결할 수 있는 방법을 알려주는 것입니다. 앞으로 받게 될 용돈 속에 '친구들에게 맛있는 것을 사기 위한 항목'을 만들어서 한 달 정도 후에 모아진 돈으로 해결하는 것입니다. 물론 이 경우 다음 달의 용돈에서는 친구 초대용 항목이 사라져야 합니다. 그러면 용돈 금액도 달라지는 건 당연하겠죠.

부모가 먼저 원칙과 내용을 합의해요

아이가 용돈을 요구할 때 너무 과도하게 소비활동을 장려하는 것은 좋지 않습니다. 하지만 이제 막 사회적인 관계를 시작한 아이에게 불필요하게 위축될 수 있는 상황을 견디도록 요구하는 것도 좋지 않은 일입니다. 따라서 용돈 훈련을 시작하기 전에 용돈 지급의 다양한 원칙과 내용에 대해 부모가 합의할 필요가 있습니다. 용돈 금액뿐 아니라 어떤 항목에 지출할 수 있도록 허용할 것인지도 미리 합의해야 합니다.

부모가 서로 미리 합의하지 않으면 아이에게 혼란을 주기 쉽고, 당연히 훈련의 효과도 떨어질 수 있습니다. 부모의 합의가 필요한 내용은 다음과 같습니다.

① 용돈으로 지출할 항목(종류) 정하기
② 각 지출 항목별 예시와 기준금액 정하기(부모가 생각하는 지출 예시와 아이가 오해하기 쉬운 예시를 충분히 생각해 보기)
③ 추가적인 용돈이나 선물에 대해 원칙 정하기
④ 용돈과 관련한 예상하지 못한 문제 발생 시 처리하는 원칙과 주교육자가 누구인지(문제 발생 시 아이가 누구와 이야기할 것인지) 정하기

또래 모임에서 지출하는 기준 vs 부모의 허용 기준

아이와 함께 다니는 친구의 소비수준에 무조건 맞추거나 무시해서는 안 됩니다. 아이의 친구관계를 고려하되 부모의 기준으로 용납할 수 있는 정도의 간식모임 횟수와 문구점 쇼핑에 적당하다고 생각하는 금액을 제시해 주는 것이 필요합니다.

아이의 용돈을 결정하는 것은 아이의 사회활동과도 연결되어 있습니다. 그래서 '또래 모임에서 지출하는 기준'과 부모의 허용범위를 정하는

과정이 필요합니다.

아이들의 관계도 작은 사회라고 생각해야 합니다. 아이는 자신이 속한 또래모임에서 소외되거나 뒤처지고 싶지 않기 때문에 자신이 모임을 주도하거나 그러지 못할 경우 모임을 주도하는 아이에게 맞추고 싶어 합니다. 그런데 이 모임을 주도하는 아이의 소비성향이 지나치게 높거나 부모가 판단하기에 조정이 필요한 경우가 발생할 수 있습니다.

예를 들어 아이들 네 명이 같이 문방구에 간 상황을 생각해 보세요. 세 명의 아이들은 문방구에 갈 때마다 딱지나 장난감, 예쁜 필기구 등을 하나씩 사는데, 나머지 한 명은 계속 지켜보기만 하고 있습니다. 이 아이의 기분이 별로 좋지 않겠죠.

게다가 세 명의 아이 중 한 아이는 자주 여러 개를 사서 친구들에게 선물로 나누어줍니다. 지켜보기만 하는 아이의 마음은 어떨까요? 받아도 불편하고, 받지 못하면 소외감이 들 수 있습니다. 때로는 자기도 친구들에게 선심도 쓰고 싶고, 가끔 장난감도 사고 싶을 것입니다. 그리고 집에 와서 이야기를 하겠죠.

"나도 용돈 주세요~! 내 친구들은 용돈 다 받아요~!"

이런 순간에 필요한 것이 바로 '용돈의 범위 정하기와 예산대로 사용하기 연습'을 통해 소비의 기준을 만들어가는 일입니다.

장난감을 사는 것이 나쁜 게 아닙니다. 적정한 수량을 가지고 있는 돈의 범위에서 산다면 괜찮죠. 일주일에 한두 개 사는 정도를 협의해서 용돈에 포함시켜 줄 수 있습니다. 하지만 매주 열 몇 개씩 사서 친구들에게 뿌린다면 어떨까요? 친구가 필요하다고 말한 것도 아니고, 기념할 만한 일이 있는 것도 아닌데 말이죠. 그저 다른 친구를 따라서 소비하거나 뒤처지지 않기 위해 선물공세를 펼치는 것이 모두 좋은 사회관계의 모습도 아니고, 좋은 소비와도 거리가 먼 모습입니다.

이런 상황이 발생하는 경우 소비의 기준을 알려주는 일이 필요합니다.

"○○아. 친구랑 딱지를 사러 갈 수도 있고, 친구에게 네 용돈으로 장난감을 선물하는 것도 좋아. 하지만 엄마는 돈의 액수와 상관없이 너무 많이 소비하는 일은 좋지 않다고 생각해. 그러니 엄마랑 용돈에서 정한대로 ○○금액 이내에서 ○번 정도로 장난감 사는 일을 지켰으면 좋겠어."

왜 매일 친구들에게 선물을 사주는 것이 좋지 않은지 아이가 알아들을 수 있게 충분히 설명해주는 것도 좋습니다.

"엄마는 아무리 친구들이 좋아도, 매일같이 친구들에게 물건을 사주는 것은 좋지 않다고 생각해. 간식도 마찬가지야. 받는 친구들도 부담스러울 수 있어. 네가 매일같이 다른 친구가 사주는 선물이나 간식을 받는다고 생각해봐. 처음엔 좋을지 모르지만 계속되면 마음이 불편해질 거야.

그리고 너는 친구처럼 매일 선물할 수 있는 돈이 없다면 어떨까? 어쩌면 함께 놀기 싫어질 수도 있어. 그러니 선물도 조심해야 하는 거야. 한 달에 한 번 정도 선물을 주거나 일주일에 한 번 정도 너의 간식비로 함께 먹는 정도로 조정했으면 좋겠어."

아이가 사들이는 것이 문구이든 장난감이나 액세서리이든 마찬가지입니다. 이런 것들에 대해 부모가 가지고 있는 원칙을 꾸준하게 이야기하고 허용할 수 있는 범위를 제시하고, 필요한 경우엔 단호하게 거절하는 것이 필요합니다.

8, 9, 10세의 용돈 훈련, 경제교육은 부모가 생각하는 소비의 기준, 물건을 고르는 기준, 다른 사람과 소비의 수준을 맞추는 일에 대한 기준과 같은 것들을 꾸준하게 알려주는 시간이라고 생각해 주세요.

용돈으로 지출할 항목은 2~3가지, 5,000원 이내로 정하는 것이 좋아요

8세의 용돈 훈련은 매주 혹은 매일 정해진 돈(예산)을 주고 가벼운 간식비부터 자신의 필요와 욕구를 계획하고 소비하는 경험을 하게 해주는 정도로 시작하는 것이 좋습니다. 특히 '용돈의 사용범위'는 2~3가지를 넘지 않도록 조정할 필요가 있습니다. 금액은 한주에 3,000~5,000원 정도가 적당합니다. 이 기준은 8~9세까지 비슷한 수준으로 유지하면 됩니다.

이렇게 용돈의 금액과 지출 가능한 항목에 대해 협의하고 실행할 때 반드시 아이에게 들려주어야 할 이야기가 있습니다. 바로 용돈 훈련을 시작하는 이유와 부모가 용돈 훈련을 통해 아이가 무엇을 연습하기를 기대하는지를 설명해주어야 합니다.

"엄마는 ○○이가 어른이 되었을 때 자기 돈을 필요한 곳에, 필요한 시기에 잘 사용하고 준비할 수 있는 어른이 되었으면 좋겠어. 이런 게 돈을 관리하는 건데, 생각보다 어려운 일이라서 '용돈'으로 연습하는 걸 시작하려고 해. 엄마가 주는 '○○이의 용돈'은 마음대로 쓰는 돈이 아니라 돈을 잘 관리하는 연습을 위한 돈이야. 그러니까 조금 어려울 때도 있을 테지만 같이 힘내서 노력해보면 좋겠어."

민준아, 용돈 줄까?

민준이가 초등학교에 입학하고, 등하교에 익숙해질 즈음, 하교 길에 가볍게 용돈에 대한 이야기를 시작했습니다.

"민준아~! 엄마가 용돈 주는 걸 시작할까 하는데, 어떻게 생각해?"

"어! 좋아!" 즉시 대답이 나옵니다. 기다리고 있었던 모양이에요.

"좋아? 그럼 얼마쯤 받고 싶은지도 생각해 봤어?"

"응, 나 일주일에 1,000원만 있으면 돼" 생각보다 굉장히 소박한 소망입니다.

"진짜 1,000원? 그거면 돼? 너 일주일에 한 번씩 엄마랑 간식 사먹고 분식집 가는 거랑, 빵 사는 것도 용돈으로 해야 할 텐데? 괜찮을까?"

아이가 미처 생각하지 못한, 앞으로 받을 용돈으로 지출하게 될 것들을 가볍게 알려주는 것이 필요하죠. 그랬더니 잠시 침묵!

"어, 그럼 5,000원은 있어야 되는데?(갑자기 다섯 배 증가!) 아이도 급하게 머릿속으로 필요한 금액을 계산해 보았다는 의미입니다.

"그래? 근데 갑자기 다섯 배나 많아지는 건 좀 많지 않아?"

이제 아이가 엄마를 설득하기 시작합니다. 협상의 시작입니다. 자신이 어떤 일에 얼마의 돈이 필요한지 이야기하기 시작하는 것이죠.

"근데 엄마, 우리가 분식집에 가서 사 먹는 떡볶이가 2,500원이고, 카스테라도 1,800원이고, 친구들이랑 축구하고 나서 아이스크림 같은 거 사먹으려면 700원은 있어야 하는데?"

물론, 아이가 알고 있다고 말한 금액이 정확하지는 않지만, 크게 중요한 것이 아니니 따질 필요는 없습니다.

"그래? 생각보다 많이 필요한 것 같네. 그럼 엄마가 좀 더 생각해 보고 결정하자."

"알았어 엄마. 근데 아무리 생각해도 3,000원에서 5,000원은 되어야 할 거 같애."

민준이는 잠시 물러서야 할 타이밍을 아는 편이죠. 협상의 기술을 많이 배운 덕분일까요?

"응 알았어. 5,000원이 적당한지, 간식을 사는 양이 적당한 건지, 엄마가 아빠랑 상의를 좀 더 해봐야 할 거 같애. 그런데 민준아. 용돈을 주면 네가 할 일이 생겨. 엄마가 가진 돈이랑 그 돈을 사용할 수 있는 권리를 너한테 주는 거잖아? 그래서 너에게도 할 일이 생기는 거야. 그걸 할 수 있을까?"
권리라는 말의 의미를 알아듣지 못할 것이지만, 괜찮습니다. 조금 어려운 단어에 익숙해지는 기회도 됩니다.
"뭔데?"
"응~ 첫째는 용돈을 어떻게 쓸 건지 계획을 세우는 거야. 이건 한 달에 한 번 정도만 엄마랑 같이 하면 되는 일이야."
"계획 세우는 거 나 좋아해. 할 수 있어. 그럼 두 번째는?"
"두 번째는 돈을 어디다 썼는지 기억해서 확인해보는 일이야. 이건 일주일에 한 번 정도 해야 할 거야. 잊지 않도록 네가 알아서 적어야 하고."
"응……, 첫 번째만 하면 안 될까?"
"너무 힘들면 첫 번째만 할 수도 있어. 하지만 일단 두 가지 모두 필요할 수 있어서 이야기해 주는 거니까 너도 한 번 더 생각해 봐. 엄마도 아빠랑 의논해 보고 이야기해 줄게. 만약 아빠가 아직 민준이에게 용돈 주는 게 빠르다고 하면 조금 미뤄질 수도 있어. 이해하지?"
"응. 이해해. 엄마 아빠랑 빨리 얘기해서 알려줘야 돼?"
조금은 무심한 듯이 보이는 대화를 통해서 아이에게 용돈에 들어갈 수 있는 지출 내용이 어떤 것인지 알려주고, 예상되는 금액도 생각해 보는 시간을 가지게 되었습니다. 저도 아이가 용돈을 받고 싶어 한다는 것을 확인할 수 있었구요.
또한 용돈을 받는 대신 해야 할 일이 생긴다는 것도 알려주게 되죠. 이런 이야기를 해 두어야 아이가 중간에 어려움이 생겼을 때 엄마아 쉽게 조건에 대해 이야기하고 조정하는 것을 두려워하지 않게 됩니다.

이 말은 매년(가능하면 6개월에 한 번은) 용돈 금액과 항목을 결정하고 용돈을 지급할 때마다 아이에게 해 줄 필요가 있습니다.

용돈 예산서, 아이가 쓰고 부모와 협의해요

용돈 훈련은 ① 용돈 내역 정하기 ② 예산서 만들기 ③ 주 1회 용돈 지급 ④ 결산과 예산 순으로 진행됩니다. 용돈 내역 정하기는 아이에게 용돈으로 지출하고 싶은 내역을 묻고(아이의 요구와 소비성향의 파악), 부모와 함께 결정합니다. 이 시기의 용돈 내역과 금액에 대한 결정의 주도권은 부모가 가져야 하는 시기임을 잊지 말아야 합니다.

용돈 내역을 정했으면 예산서를 만들어야 합니다. 어렵지 않습니다. 월 단위 수입과 지출 예산을 작성하면 됩니다(123쪽 예산서 샘플 참조). 이것 역시 부모가 주도하여 만들게 되는데, 아이가 합의된 지출 항목을 확인할 수 있기 위한 용도임을 기억해야 합니다.

용돈은 주 1회 정해진 요일에 지급하면 됩니다. 용돈 예산서에서 결정된 한 달 용돈 금액을 4등분하여 주세요.

마지막으로 '결산과 예산'은 다음 달의 예산을 작성하기 위한 것입니다. 추가되어야 할 항목이나 행사가 있는지 살펴보고, 용돈 예산서를 참고해 수입과 지출 예산을 작성합니다. 이때 이미 지출된 용돈과 남은 지출 내역을 살펴보고, 용돈이 부족하거나 남지 않는지, 이유는 무엇인지 등을 살펴봅니다. 지출액수와 남은 금액을 계산하고 끝나는 것이 아니라 이유와 개선점을 찾아보는 것이 결산이기 때문이죠. 부모와 아이의 실수나 예산 작성에서 놓친 부분이 있는지 확인하고, 다음 달의 예산에 해당 문제의 해결책을 반영하도록 합니다.

예산서를 작성할 때는 수입과 지출을 함께 파악해야 해요

돈 관리를 위한 예산서를 작성할 때는 항상 수입과 지출을 함께 파악하도록 해야 합니다. 아이들에게 생기는 용돈 금액이 뻔하고 항상 동일할 것이라 생각하기 쉽지만 아이들도 다양한 경로로 수입이 발생하는 경우가 많습니다.

또한 언제나 변함없는 돈 관리의 첫 번째 원칙은 '자신의 수입한도 안에서 지출해야 한다'는 것입니다. 이런 돈 관리의 원칙을 알려주는 훈련으로 용돈 예산서 역시 수입을 확인하고, 그 한도 안에서 지출을 계획할 수 있도록 작성해주어야 합니다. 물론 아이들이 먼저 지출 내역을 작성하고 정해진 지출 금액에 맞춰 용돈 금액(수입)이 결정되는 형태이지만, 훈련의 형태는 원칙에 맞게 만들고 연습하는 것이 좋습니다.

아이가 먼저 어디에 돈을 쓰고 싶은지 적어보게 해요

용돈 예산서를 작성할 때는 우선 어떤 곳에 돈을 쓰고 싶은지 아이가 먼저 적어보게 합니다. 처음에 아이들은 어떤 일에 돈을 써야 할지 생각하는 것을 힘들어 합니다. 이때 부모가 옆에서 다양한 아이의 지출을 이야기해 주는 것도 좋습니다.

"장난감 사는 건 필요 없어? 간식은 어때? 친구들이랑 놀러가려면 돈이 들지 않아?" 하는 식으로 가볍게 던져주기만 해도 됩니다. 이때 너무 많은 지출 항목을 이야기하지 않도록 주의해야 합니다. 부모가 사전에 용돈에 포함해도 좋겠다고 계획했던 항목 위주로 힌트를 주는 것이 좋습니다.

이 과정에서 소비성향이 높은 아이들은 여러 가지 지출을 자신의 손으로 하고 싶어 하기 때문에 지출 항목의 가짓수도 많고, 금액도 부모가 생각보다 높을 수 있습니다.

일단 아이가 아무런 제한 없이 스스로 적을 수 있도록 하는 것이 좋습니다. 아이가 적는 것을 모두 수용해 주는 것은 아닙니다. 협의를 통해 지출 항목을 결정하면 됩니다. 이 과정을 통해 아이는 협상의 방법과 부모가 허용하는 용돈의 범위를 배우게 될 것입니다.

아이가 작성한 예산서를 부모가 확인해요

아이가 지출 항목을 다 적었으면 세부적인 내용을 질문하면서 정리하도록 도와주어야 합니다. 아이는 막연하게 지출하고 싶은 일만 생각하지만 예산서를 작성할 때는 횟수, 가격, 어떤 일에 지출되는 것인지 자세하게 확인하고 계획을 세우게 된다는 것을 차근차근 배우는 시간이 되는 것입니다. 이렇게 확인 작업을 하면서 부모가 생각하는 지출기준이나 허용범위에 대해 자연스러운 기준을 전달하는 기회가 되기도 합니다. 대부분의 내용은 이 과정에서 협의결과가 정해집니다.

다음은 민준이가 작성한 첫 번째 용돈 제안서입니다. 8세짜리 아이가 작성한 것 치곤 제법 짜임새가 있어 보이지만 절대 오해하면 안 됩니다.

처음부터 이런 모양은 아니었고, 아이가 대충 적어온 것(자신만 알 수 있는 글씨와 내용으로)을 확인해서 저와 함께 다시 정리한 내용입니다.

2월 예산 작성일자 : 1월 19일						
수입 예산			지출 예산			
날짜	내역	금액	날짜	내역	금액	기억할 사항
			2월	간식 1,000원 한 주에 2번	8,000원	컵 떡볶이 1,000원
				유희왕 딱지 한 주에 1번	4,000원	1개 500~2,000 원까지 다양함
				공룡고무딱지 한 주에 1개	8,000원	한 개 2,000원 정도 함
				학용품	1,000원	
				친구들 방방	2,000원	한 달에 한 번 가는 것
	합계			합계	23,000원	

(표) 민준이가 작성한 첫 번째 용돈 예산서

민준이의 예산서를 살펴보면 항목은 크게 친구들과의 간식비, 장난감 구입과 방방에 놀러가는 문화생활비, 학용품을 구입하는 교육비 3가지로 나뉩니다. 지출 항목이 앞에서 제시한 2~3가지를 넘지는 않았지만 공룡 고무딱지 장난감을 사는 데 많은 비용을 쓰는 것이 걸렸습니다. 처음 받는 용돈이 23,000원이라는 것도 좀 많아 보였습니다.

아이와 협상을 위한 질문과 확인 작업을 시작했습니다.

"그래 민준이가 이런 일에 용돈을 쓰고 싶구나. 엄마가 조금 더 살펴보고 이야기 할게."

이렇게 말해준 뒤에 아이에게 물어볼 것들을 정리했습니다. 너무 여러 가지를 꼬치꼬치 물어보면 아이와 다툼이 생길 수 있습니다. 꼭 필요한 질문을 하기 위해 준비하는 노력이 필요합니다.

"민준아, 엄마가 몇 가지 궁금한 게 있어. 먼저 친구들이랑 가는 방방은 어떤 곳이야? 그리고 한 달에 한번만 가도 되겠어?"

"응, 학교 앞에 있는데, 친구들이랑 노는 데야. 점프하고 노래 나오고 그래. 전에 준엽이 생일날 가봤는데 재밌었어. 애들이랑 한 달에 한번 정도만 가면 될 거 같아. 엄마 이거 해 줄 거지?"

"일단 엄마가 궁금한 거 들어보고 같이 결정할 거야. 걱정하지 말고 얘기해. 그리고 장난감은 온통 딱지만 사는 거네? 유희왕도 딱지, 공룡도 딱지. 이건 좀 많은 거 같은데. 어때? 처음부터 이렇게 많이 사야 할 필요가 있을까?"

"응…… 그치만 내가 우리 반에서 딱지도 제일 조금밖에 없고, 애들이랑 딱지놀이 할 때 나만 못하기도 하는데…… 그럼 못사는 거야? 조금만 사는 것도 안 돼?"

"아니야. 안 된다는 게 아니라 얼마나 필요한지 궁금해서 물어본 거야. 다른 것도 들어보고 함께 정해보자."

"마지막으로 엄마가 간식비가 궁금한데, 집에서 먹는 간식까지 사려면 부족할거 같은데? 친구들이랑 먹는 간식만 넣은 거야? 매주 2번씩이나 친구들이랑 사 먹는 건 조금 많지 않아?"

"응, 친구들이랑 사 먹는 것만 넣은 거야. 집에서 먹는 것도 해야 해? 그냥 엄마가 사주면 안 돼?"

"글쎄, 일단 민준이 생각이 궁금했던 거니까, 일단 알았어. 엄마가 아빠랑도 이야기해 보고, 어떻게 조정하는 게 좋을 것 같은지 이야기 해보기로 하자. 조금 기다려줘야 해?"

"응 알았어. 기다릴게"

2월 예산 작성일자 : 1월 20일					
수입 예산			지출 예산			
날짜	내역	금액	날짜	내역	금액	기억할 사항
2월	용돈	8,000원	2월	간식 1,000원, 주 1회	4,000원	밖에서 친구들과 사 먹는 간식만!
	할머니 선물	10,000원	2월	학용품	2,000원	필기구, 공책 3,000원 넘는 건 엄마랑 얘기!
	이모 선물	10,000원	2월 16일	친구들 방방	2,000원	한 달에 한 번
	할머니랑 이모 선물은 스무살 통장으로~!		2월	스무살 통장에 저축	20,000원	수입과 지출 합계에 포함하지 않습니다.
	합계	8,000원		합계	8,000원	

(표) 협의를 통해 결정된 민준이의 첫 번째 용돈 예산서: 수입과 지출 계획서

이 표는 민준이의 예산서를 바탕으로 합의된 결과물입니다. 아이의 제안은 수용된 것도 있고, 거부된 것도 있습니다. 아이의 예산서를 바탕으로 질문도 많이 하고, 아이 의견도 많이 들었지만 상당히 많은 아이의 요구가 거절되었죠? 그럼에도 아이와 합의할 수 있었던 이유는 예산을 매달 세울 때마다 재협상이 가능하다는 사실을 아이가 이해했기 때문이에요. 물론 굉장히 많이 아쉬워했습니다.

또한 합의된 예산서를 보면 수입 예산이 만들어진 것을 볼 수 있습니다. 주변 어른들이 주는 '용돈 선물'에 대해 수입과 지출 모두에 기록하고 어떤 식으로 사용하거나 저축할 것인지 합의한 내용도 들어있습니다. 이처럼 용돈을 정할 때는 아이와 함께 합의하고 결정해야 할 내용이 많답니다.

예산서를 작성하고 합의하는 과정에서 아이는 '① 한 달 뒤에는 새롭게 예산을 세울 것이고 ② 아이가 원하는 내용이 들어갈 수도 있고, 안 될 수도 있으며 ③ 돈을 쓰는 연습은 어렵기 때문에 쉬운 것부터 시작하는 단계를 거친다'는 것을 배우게 됩니다.

아이가 협상을 대결로 오해하면 일단 멈추는 것이 좋아요

아이가 작성한 예산서를 검토하고 협의할 때 간혹 아이가 강하게 요구하는 내용이 있거나 부모가 함께 결정해야 할 문제가 있을 수 있습니다. 이럴 때는 즉답을 피하고 하루나 일정 시간이 지난 후 고민해보고 결정하자고 알려주면 됩니다. 아이의 요구를 허용해 줄지 여부를 결정하는 데 시간이 필요할 때도 마찬가지입니다.

만약 이렇게 시간을 가지고 협의해서 결정한 내용을 알려주었는데도 아이가 반드시 포함하기를 고집한다면 '지금 주는 용돈은 돈 관리를 위한 연습이고, 최종의 결정 권한은 부모에게 있다'는 것을 다시 한번 이야기해 주어야 합니다. 부모가 결정한 이유와 기준을 간단히 설명하고 앞으로 훈련과정에서 아이의 요구가 포함될 수 있을 때까지 기다려야 하는 일이 생긴다는 것도 이야기해 주면 됩니다.

아이가 용돈의 범위, 금액 등을 결정하는 과정이 협상이고, 합의점을 찾는 중이라는 것을 알면 타협점을 찾는 것이 어렵지 않을 수 있습니다. 하지만 아이가 '엄마와 대결하는 중이야'라고 인식한다면 협상이 아닌 승패로 인식하게 됩니다. 그러면 싸움을 하게 되죠. 그리고 어떻게든 이겨야 하는 일이 됩니다. 아이와의 대화가 이런 양상으로 흐르고 있다면 용돈 협상, 용돈 훈련을 할 필요가 없습니다. 오히려 멈추는 것이 좋습니다.

아이에게 이야기하세요.

"일단 멈추자. 아직 우리가 준비가 안 된 거 같아. 용돈 이야기는 조금 쉬었다가 다음 주에 다시 하든지, 아니면 한 달 정도 있다가 다시 해보기로 하자."

그리고 멈춘 기간 동안 아이와의 관계를 개선하기 위한 노력을 기울여야 합니다. 경제교육은 신뢰교육이니까요.

용돈 훈련은 나중에 해도 됩니다. 돈에 대한 교육, 경제교육은 관계를 알려주는 교육입니다. 이 교육을 지금 당장 하지 않으면 아이에게 큰일이 날 것이라고 생각하지 마세요. 돈에 대한 교육은 항상 아이가 돈에 대해서 ① 편안하게 이용하는 도구이고 ② 자기의 소비 방식과 돈 관리 방법을 잘 아는 성인으로 성장하게 돕기 위한 것이지 당장의 용돈을 아껴 쓰거나 용돈기입장을 예쁜 글씨로 쓰게 하는 것이 목표가 아닙니다. 그러니까 서두르지 마세요.

특히 용돈 훈련 때문에 아이와 관계가 나빠진다면 정말 최악입니다. 이것은 곧 용돈 훈련이 잘못된 방향으로 가고 있다는 것을 의미합니다. 그러니 용돈과 관련한 대화가 엄마가 처음 생각한 것과 다르게 나아가고 있다고 생각되면 일단 멈추세요. 괜찮습니다. 잠시 멈추고 시간을 가지면 아이의 감정도 진정되고 생각할 여유가 생깁니다.

엄마도 마찬가지입니다. 격해진 감정을 다스리고, 내가 어떤 부분에서 아이를 몰아붙였는지, 혹은 아이가 어떤 부분에서 마음이 상했을지 헤아려 보는 거죠. 그리고 이렇게 찾아낸 것을 갖고 새롭게 대화를 시작하면 됩니다. 서로 더 가까워지고 상처를 보듬는 과정이 될 것입니다.

용돈 쓰는 스타일에 따라 교육 방법도 달라져요

이렇게 아이에게 자신의 재량권을 활용할 수 있는 여지가 있는 용돈을 지급하면 아이는 나름의 사용계획을 세우고, 소비활동을 할 때 자신의 선택을 고민하는 연습을 할 수 있게 됩니다. 아이들이 용돈을 받기 시작하면 다양한 상황이 생겨나게 됩니다. 시행착오를 겪을 수도 있고, 실패를 할 수도 있습니다. 또한 아이들마다 용돈을 쓰는 스타일이 다를 수 있는데, 아이의 스타일을 감안해 부모가 적절한 대응을 해주는 것이 좋습니다.

① 한방에 쓰는 아이

처음 용돈을 받으면 일시적이지만 대부분의 아이가 한방에, 선심성으로 돈을 쓰는 모습을 보입니다. 왜일까요? 그야 당연히 신나니까 그렇습니다. 친구나 동생, 가족에게도 선물이나 간식을 쉽게 사주거나 선심을 베풀면서 일주일치 용돈을 하루 이틀 만에 다 쓰기도 합니다.

이럴 때 많은 부모가 놀라고 걱정하며 어떻게 해야 할까 고민합니다. 저의 답은 '그대로 두어도 된다. 사실은 그냥 놔두는 것이 좋다'입니다. 왜냐하면 아이가 용돈을 처음 받은 것이니까요. 용돈을 처음 받았다는 것은 아이가 처음으로 이런저런 소비의 방식을 경험한다는 의미이기도 합니다.

아이가 지식이든, 기술이든 무언가를 배우기 위해서는 반드시 '시행착오'의 경험이 필요합니다. 용돈을 받은 아이는 다양한 소비를 경험하게 될 것입니다. 첫 용돈으로 한방에 쏘는 소비 경험을 했을 때의 결과도 겪어볼 필요가 있습니다. 성인인 부모들도 지름신과 한방 쏘기로 인한 부작용과 책임을 뼈저리게 겪어보지 않으셨나요? 만약 어린 시절에 비슷한 경험을 했다면 조금 덜 고생하지 않았을까 생각한 적은 없나요?

부모의 입장에서는 말리고 싶을지 모르지만 '한방에 쏘기'와 같은 소비 경험이 주는 만족이 분명히 있습니다. 이 순간에 아이는 처음으로 친구와 가족, 동생들에게 '으쓱'한 소비 경험을 하게 되는 것이죠. 하지만 '으쓱한 즐거움'의 시간이 지나고 나면 다음 용돈을 받을 때까지 아무것도 사지 못하는 경험도 대가로 치르게 됩니다(선택과 결과를 함께 경험하게 되는 것이니 충분한 배움이 남게 됩니다).

이런 경험을 반복하다 보면 스스로 비교하게 됩니다. 나는 어떤 방식으로 돈을 쓰고 싶은지, 내가 더 오랫동안 만족스러운 소비는 어떤 것이지 등에 대해서 생각해보게 되는 것이죠.

물론 가끔 '여러 번 경험하고 나서도' 같은 선택을 하는 아이늘이 있습니다. 이것은 일정 부분 아이의 성향이기도 합니다. 이런 상황을 대비해서 부모가 곁에서 아이를 지켜보고, 교육하고 훈육하는 것이라고 저는 생각합니다.

예를 들면 이런 경우입니다. 아이가 일주일 간식비로 2,000원을 받았는데, 한 달 치를 모아서 8,000원을 가지고 친구들과 파티를 했다면 어떨까요? 문제가 될까요? 이런 건 사실 괜찮습니다. 아이는 자신이 받은 용돈의 범위 안에서 사용하는 방법과 사용처를 스스로 선택한 겁니다. 일주일에 두 번씩 자잘하게 쓸 건지, 이걸 참았다가 한 달에 한 번 크게 쓰고 나머지 기간을 참을 것인지 선택해서 결정한 것이니 괜찮습니다. 사실 소비를 참는 것은 생각보다 큰 인내심이 필요한 일입니다. 이걸 해내는 아이는 굉장한 목표의식과 만족 지연 훈련을 하고 있는 것입니다.

이렇게 한방에 쏘는 아이를 위한 대비책으로 용돈을 주 단위로 나누어서 지급하도록 한 것입니다. 처음부터 한 달 치 용돈을 한꺼번에 지급하면 참는 시간 없이 한꺼번에 쓰는 일이 쉽습니다. 하지만 일주일씩 나누어 지급하면 돈을 가지고 있는 상태에서 한 달을 참아야 원하는 지출이 가능하게 됩니다. 처음에 한 달 치 용돈을 받아서 먼저 쓰고, 나머지 기간을 참는 것보다 훨씬 더 큰 노력이 필요한 한방 쏘기가 되는 것입니다. 이런 성향의 아이라면 굳이 매주 받는 용돈을 나누어 사용하도록 개입할 필요는 없습니다.

반대로 빠른 개입이 필요한 경우도 있습니다. 예를 들면, 한 달 용돈 중에서 간식비로 책정된 돈 이외에 다른 항목의 돈(문구비나 교재비 같은 것)까지 한방에 노는 일에 사용하고, 정작 필요한 교재나 준비물을 구입하지 못하는 문제가 생기는 경우입니다.

물론 돈을 계획대로 사용하지 않아서 교재나 준비물을 준비하지 못하면 해당 수업이나 활동을 제대로 참여할 수 없는 대가를 치르기는 합니다. 그러나 이런 경험에도 불구하고 용돈을 계획대로 사용하지 못하는 문제가 반복된다면 당연히 개입이 필요합니다.

혹시라도 아이가 "나 선생님이나 엄마한테 혼나고, 그냥 지금처럼 신나게 쓸래"와 같은 생각을 하고 있으면 곤란하죠. 특히 이런 상황이 자주 발생할 때 아이에게 혼내거나 잔소리만 하고 교재나 준비물을 번번이 준비해주면 안 됩니다.

우리가 용돈을 주는 것은 소비성향을 알아보기 위한 것도 있지만 돈을 잘 관리하는 훈련을 위한 것입니다. 따라서 아이가 한 방에 쓰는 일이 잦고, 그로 인해 다른 지출에도 문제가 발생한다면 용돈 액수와 사용내역에 대해 재협상(내역조정)을 하거나 용돈을 중단해야 합니다. 아이와 협의하여 용돈의 항목별 사용기준을 새로 정하고 조정할 필요가 있는 거지요.

다음 3가지 방법을 추천합니다.

① 일주일 단위 간식비를 해당 주에 지출하지 않으면 회수합니다.

가장 추천하는 방법입니다. 한방에 쓰기를 허용해도 괜찮지만 많은 경우 아이들은 자기 욕구를 잘 조절하기 힘들어 합니다. 한방에 지출하고 나서 동생이나 부모의 돈으로 추가 간식을 얻으려고 하거나 다른 지출을 제대로 실행하지 못하는 경우가 발생할 수 있습니다. 또한 한방에 쓰는 습관이 권할만한 것은 아니죠. 한방에 쓰지 않고 균형있게 소비하는 습관을 만들어주고 싶을 때 이 방법을 사용하면 좋습니다.

② 다른 항목의 지출금이 부족하면 아이의 세뱃돈 통장에서 엄마가 회수하기로 합니다.

금액이 큰 경우 사용할 수 있지만 한두 번 이상은 사용하지 말기를 부탁드립니다. 아이는 자신의 돈이지만 스스로 관리하고 있지 않기 때문에 심리적으로 아무런 타격이 없을 수 있습니다. 즉 행동교정의 효과가 없을 수 있습니다.

③ 해당 금액 만큼을 채우기 위한 추가적인 집안일을 하도록 합니다.

예를 들어 일주일에 한번 음식물 쓰레기봉투 버리기를 하면 300원을 주는 것입니다. 이 방법을 사용하려면 집안일 목록과 가격표를 정해야 하고, 잘못 지출한 일에 대한 책임만큼만 수행하도록 해야 합니다. 집안일 아르바이트를 통해서 마치 아이가 추가 용돈을 버는 것처럼 만들어서는 안 됩니다.

이런 방법들을 통해서 아이의 '한방에 쓰기' 습관을 교정하고, 지출을 계획한대로 지키고 욕구를 관리하는 훈련을 진행할 필요가 있습니다.

② 아무것도 안 쓰는 아이

보통 용돈 훈련을 시작하고 처음의 흥분된 소비시기가 지나고 나면 이런 모습이 나타나기도 합니다. 한방에 쓰기의 흥분이 가라앉으면서 아이는 지출을 하면 돈이 줄어든다는 것을 알게 됩니다. 소비로 인한 만족감을 경험하지만 현금 손실이 주는 아쉬움도 경험하게 되는 것이죠.

이 과정에서 기대한 만족보다 적은 만족이 오는 경험, 즉 가성비에 미치지 못하는 소비 경험이 종종 생깁니다. 이런 경험이 자꾸 생기면 돈이 아까워지게 됩니다. 처음 용돈을 쓸 때 마구 넉넉했던 씀씀이가 반대 방향으로 급격히 바뀌는 겁니다. 그래서 갑자기 아이가 아무것도 안 삽니다. 간식도 안 사먹고, 장난감도 안사고 놀러 가지도 않죠.

이 모습도 괜찮습니다. 앞의 경우와 마찬가지로 이런 경험도 필요합니다. 이 시간을 통해서 아이는 생각만큼 만족스럽지 못했던 소비 경험을 어떻게 해결할 것인지, 더 만족스러운 다른 활동을 찾을 것인지, 좋은 물건을 고르기 위한 노력을 기울일 것인지 등의 문제에 대해 고민하고 판단하는 과정을 겪을 것입니다.

이렇게 소비를 참는 과정에서 생기는 즐거움도 있습니다. 바로 돈이 모이고, 금액이 커지는 것이죠. 처음엔 그저 아까운 마음에 안 쓰고 있었는데, 한 주 한 주 모이니 금액이 커지는 것을 자연스레 알게 될 것입니다. 3,000원일 때의 소비 가능 목록과 6,000원, 9,000원일 때의 소비 목록은 내용과 가짓수가 판이하게 달라질 수 있습니다. 그리고 이때부터는 조금 큰 기대도 생깁니다. 이걸 1년 동안 모으면? 우와~ 생각만 해도 너무 좋죠. 1년이란 시간에 대한 느낌은 없지만(얼마나 긴 시간인지, 어떤 소비를 참아야 하는지 등), 합산된 금액은 크게 다가오게 됩니다. 그러면 자린고비 생활이 시작되는 겁니다.

많은 부모들이 아이를 칭찬하는 모습이기도 합니다. 대표적으로 "우리 애는 아무것도 안 사요. 어찌나 절약을 잘하고 돈을 모으는지, 정말 알뜰하다니까요"라고 이야기하는 경우입니다.

하지만 돈을 많이 쓰는 것만 아니라 아예 쓰지 않는 것도 바람직하지는 않습니다. 지나치게 한쪽으로 치우친 형태는 돈을 관리하는 연습을 하는 데 도움이 되지 않습니다. 심각하게 받아들일 필요는 없지만 아이에게 용돈을 주는 이유는 돈을 모으라고 하는 것이 아니라 정해진 계획대로 돈을 사용하는 연습(물론, 이 연습에는 장기적으로 저축도 포함됩니다)을 위한 것이므로 아무것도 사지 않는 아이의 행동은 해결해야 할 문제입니다. 한두 달이 지나도 아이가 계속 돈을 모으기만 한다면 간단히 말해주세요.

"○○아, 네가 돈을 쓰는 것이 아깝고 모으는 것이 재미있는 건 알겠어. 하지만 엄마가 용돈을 주는 이유는 네가 돈을 모으게 하기 위해서가 아니야. 처음에도 말했지만 엄마가 주는 용돈은 우리가 세운 계획대로 한 달 한 달 필요한 일에 돈을 잘 사용하는 연습을 하기 위해서인데, 이렇게 네가 계획을 지키지 않을 거면 용돈 줄 필요가 없을 거 같아. 이제부터라도 계획대로 용돈을 사용하고, 돈을 모으는 일은 저축하는 항목을 만들거나, 계획대로 사용하되 절약을 통해서 남는 돈으로 했으면 좋겠어."

그리고 이야기한 대로 용돈을 계획대로 사용하도록 하고, 약간의 저축 금액을 용돈에 포함시켜 주도록 하세요. 혹은 명절 등에 받는 외부 용돈을 저축금액으로 만들어도 됩니다.

자기 돈만 안 쓰는 아이

아무것도 안 사는 아이들 중에서 가끔 '자기 돈만 안 쓰는 아이'가 있기도 합니다. 자기 돈은 아까워서 못 쓰지만 간식이나 사고 싶은 것은 있겠죠. 그럴 때 엄마, 아빠의 돈을 쓰려고 하거나 동생에게 소비하도록 부추기는 경우가 생길 수 있습니다.

이런 경우 두 가지 문제가 발생합니다. 하나는 다른 사람의 돈을 소중하게 여기지 않는 것이고, 다른 하나는 욕망을 조절하는 방법은 찾지 않고 편법으로 해결하려 한다는 것입니다. 두 가지 모두 꼭 교정하고 다른 방법을 찾도록 도와주셔야 하는 문제입니다.

예를 들면, 동생에게 "○○아, 우리 문방구에 가서 장난감 구경하지 않을래? 슈퍼 가서 아이스크림 사자. 형이 데리고 가줄게"라는 식입니다. 한두 번 정도는 이런 모습을 보일 수도 있습니다. 항상 과해지면 문제가 되는 행동이니, 그때 알려주고 다음과 같은 말을 해주면서 제재하시면 됩니다.

"○○아, 네가 먹고 싶고 가지고 싶은 것을 사라고 용돈을 주는 거야. 그래서 예산도 세웠잖아. 그런데 네 돈은 쓰지 않고 모으면서 다른 사람이나 동생의 돈으로 해결하려고 하는 건 좋지 않아. 그만했으면 좋겠어. 계속 그러면 용돈을 없애고, 엄마한테 혼이 나기도 할 거야."

용돈 훈련 FAQ

아이에게 용돈 훈련을 시키려고 하면 생각보다 어렵다는 것을 느끼게 됩니다. 미처 예상치 못했던 다양한 상황이 벌어지기 때문이죠. 용돈 훈련을 시작할 때 부모들이 자주 질문하는 내용을 중심으로 정리해보았습니다.

Q 용돈에 포함시킬 지출이 없어요. 어떻게 하죠?

저의 대답은 간단합니다.

"어떻게든 찾아서 만들어 주세요."

아이가 용돈 받기를 원하지 않거나 엄마가 마음이 불안하더라도 간식비나 문구비, 친구의 생일선물 구입비를 책정해서 용돈을 지출하도록 해 주세요. 그리고 반드시 아이에게 권한을 넘겨주어야 합니다. 지출 선택과 행동에 따른 결과를 경험할 필요가 있으니까요.

특히 문제가 생길 수 있는 지출을 결정하는 권한을 넘겨주어야 책임이 발생합니다. 그래서 반드시 써야 한다고 생각되는 '필수 지출'이 용돈에 포함되어야 합니다.

필수 지출이란 지출하지 못했을 때 문제가 생기는 것, 책임질 일이 생기는 것을 말합니다. 예를 들면 학교 준비물이나 학용품처럼 필요한 시기에 구입하거나 준비하지 못하면 '문제가 생긴다, 선생님께 혼난다, 친구들 눈치가 보인다'와 같은 상황이 발생할 수 있는 지출을 의미합니다.

사실 아이가 지출할 항목이 없다기보다는 지출 결정을 맡길 수 있는 항목을 찾을 수 없다는 것이 맞을 것입니다. 부모들은 대부분 처음에는 지출 권한을 넘겨주는 것을 두려워합니다. '잘 쓸 수 있을까?, 한 번도 해 본적이 없는데 괜찮을까?, 잘 못 쓸 텐데 어떡하지? 잃어버리거나 이상한 지출을 하면 어쩌지?' 걱정합니다. 하지만 이 두려움을 넘어서지 못하면 결국 아이에게 용돈을 주지 않겠다는 결론에 도달하겠죠.

한 가지 생각해 주셨으면 합니다. 만약 지금 현재 초등학생인 아이에게 3,000원 정도의 결정 권한도 넘겨주지 못한다면 과연 아이가 장차 몇백만 원도 넘을 월급을 관리할 수 있는 주도적인 성인으로 성장할 수 있을까요? 그러니 걱정스럽더라도 어떻게든 지출 항목을 만들어 용돈 훈련을 시작하세요.

Q 남은 돈은 어떻게 해야 하나요?

예산을 제대로 세우고 집행했다면 용돈이 남지 않을 텐데, 드물지만 아이의 노력이 들어간 절약의 결과물로 남을 수도 있습니다. 이 경우 당연히 남은 돈의 소유권은 아이에게 주는 것이 좋습니다. 노력의 결과를 인정해 주는 것이 필요합니다.

특별히 절약이나 돈을 남기기 위한 노력을 하지 않았는데 남았을 때는 결산 과정에서 점검해봐야 합니다. 왜 남았는지 확인해 보고, 이유에 따라 남은 돈의 처리 방법을 결정해야 합니다.

Q 용돈을 받기로 한 날짜에 달라고 하지 않아요. 주지 않아도 되는 건가요?

그렇지 않습니다. 용돈을 주고받기로 한 약속도 계약입니다. 부모는 돈 관리의 훈련을 위한 도구로 용돈을 지급하는 것입니다. 그런데 아이가 달라고 하지 않았다는 이유로 도구를 지급하지 않고 훈련을 하려고 한다면 문제가 있겠지요. 정해진 날짜에 용돈을 지급하기로 약속했고, 아이는 계획대로 사용하기로 약속한 일이라는 것을 잊지 말았으면 합니다. 아이가 잘 따질 줄 모르더라도 부모는 계약을 잘 지키고 신뢰할 수 있는 모습을 보여주어야 합니다.

> **Q** 용돈을 처음 줄 때부터 아이에게 달라고 하지 않으면 안 주겠다고 했는데, 이런 경우에도 제가 먼저 주어야 하는 것일까요?

아이와 용돈 훈련을 할 때 달라고 하지 않으면 주지 않겠다고 사전에 약속하셨나요? 먼저 묻고 싶은 것은 이런 약속을 한 이유입니다. 아이가 어떤 것을 배우고 연습할 수 있게 하기 위해 이런 조항을 넣으셨나요? 그저 아이를 통제하는 수단으로 혹은 협박용으로 넣은 조건은 아닌지 생각해보아야 합니다. 이런 조건은 돈을 관리하는 훈련에 도움이 되지 않으니 가능하면 삭제하기 바랍니다.

가끔은 이런 조항을 넣은 이유를 "우리 아이는 덤벙대는 경향이 있어요. 그래서 용돈을 달라고 할 때 주면 좋아질까 싶어서 넣었어요"라고 말하는 부모를 만나기도 합니다. 저의 생각은 변함없습니다. 그런 이유라도 하지 않으셨으면 좋겠습니다.

덤벙대는 습관은 용돈을 달라고 할 때 주는 정도로는 고쳐지지 않습니다. 오히려 일상의 작은 일부터 차근차근 챙기고 점검하는 연습이 필요합니다. 예를 들면 요리 연습이 도움이 됩니다. 단계별로 빠뜨리지 않고 작업을 수행해야 완성품이 제대로 나오는 훈련이고, 결과물도 아이들에게 성취감을 주기 좋습니다.

그런데 용돈을 요구하는 것을 학습시키면, 자칫 부모에게 돈을 달라고 하는 행동을 당연하게 생각할 수도 있습니다. 이런 습관이 성인이 될 때까지 연장될 위험도 있죠.

　아이의 성격에도 영향을 미칠 수 있습니다. 돈을 달라고 하는 일을 자꾸 잊어서 용돈을 제대로 받지 못하면 아이는 좌절만 경험하게 되고, 자신의 돈을 제때 받아오지 못했다는 생각에 돈에 아등바등 할 수 있습니다. 우리의 훈련은 주어지는 돈(성인이 되어 자신의 노동으로 받게 되는 한 달 수입)을 목표한 계획에 잘 사용할 수 있는 어른으로 성장할 수 있게 돕는 것임을 기억하셨으면 합니다.

 용돈이 모자라다고 합니다. 어떻게 해야 할까요?

용돈 계획을 살펴보고, 생활을 점검해서 원인을 찾아야 합니다. 지출 계획을 꼼꼼하게 세우지 않아서 발생한 일인지, 잘못 사용하거나 다른 용도에 지출해서 발생한 것인지 먼저 확인하고 그 원인에 따라 판단하면 됩니다.

　미처 알지 못한 지출이 부득이하게 발생해서 생긴 문제라면 앞으로 예산을 세울 때 주의하도록 알려주고 해당 금액을 추가하면 됩니다. 그렇지 않고 충동적인 지출로 인해 지출 계획을 지키지 못하게 된 경우라면 원칙대로 돈이 부족한 경험을 해야 합니다.

 용돈을 주려고 하는데 아이가 지출 항목을 6개나 적었어요. 괜찮을까요?

용돈의 금액과 지출 항목의 개수는 권한의 크기와 비례합니다. 용돈 훈련에서 용돈 금액은 지출 항목의 가짓수와 지출 금액에 따라 달라집니다. 일주일에 2~3가지 항목에 대해 5,000원을 받는 아이와 6가지 항목에 대해 50,000원을 받는 아이는 당연히 권한의 크기도, 뒤따라오는 책임의 크기도 달라집니다. 5,000원을 잘못 사용했을 때 돌아오는 책임과 50,000원을 잘못 사용했을 때 돌아오는 책임의 크기가 다르다는 것입니다.

그래서 용돈 훈련 초기에는 아이의 요구가 있더라도, 지출 항목 가짓수와 금액을 적게 책정해서 시작하기를 권합니다. 지출 항목의 가짓수가 많다는 것은 그만큼 생각해야 할 변수가 많다는 것입니다.

처음 용돈 훈련을 시작하는 아이에게 너무 많은 수의 지출 항목을 줘어주고, 한 달 동안 계획대로 써보라고 내버려 두면 대부분 잘 못합니다. 실패가 당연한 것인데도 아이는 필요 이상의 좌절감을 맛보게 될 수 있습니다. 적은 수라고 생각하겠지만, 막상 지출 항목의 가짓수가 서너 가지만 되어도 초등학교 저학년의 아이에게는 상당한 고민거리일 수 있습니다.

예를 들어 아이가 '고무딱지를 살지, 캐릭터 카드를 살지, 떡볶이를 먹을지, 콜팝을 먹을지' 이 네 가지 중에서 하나를 선택해야 한다고 생각해 보세요. 아마 아이는 큰 고민에 빠질 겁니다. 안타깝게도 엄마가 볼 때 중요한 지출은 한 가지도 없지만 말이죠.

아이는 지금 인생의 중요한 결정을 하는 중입니다. 이번 주에는 문구점과 분식집 중에서 어디를 갈지 머리가 아플 거예요. 둘 중 한 군데만 갈 수 있는 정도의 돈 밖에 없어 정말 힘이 들겠죠.

한정된 돈으로 원하는 걸 찾아내어 선택하고 실행하는 일은 정말 어렵습니다. 하지만 잘 해결하면 생각보다 큰 성취감, 자기효능감도 생기게 됩니다. 그렇기 때문에 용돈의 지출 항목은 3가지에서 많아도 5가지를 넘지 않게 정해야 합니다. 초등학교 고학년 아이가 뒤늦게 용돈 훈련을 시작할 때도 마찬가지입니다.

물론 시간이 지나면서 지출 항목의 가짓수도 늘어나고, 전체 금액도 늘어나게 됩니다. 초등학교 저학년의 경우엔 초기 3개월, 6개월 단위로 지출 항목을 늘릴 것인지를 판단하고 협의하는 정도를 권합니다. 용돈을 지급하는 것도 주 단위 지급에서 출발하여 10일 단위, 15일 단위처럼 차근차근 월 단위 지급으로 늘려나가도록 합니다.

초등학교 고학년이나 중학교 이상의 아이들과 용돈 훈련을 진행한다면 지출 항목과 권한 확대 기간을 조금 더 짧게 잡아도 좋습니다. 물론 이 경우에도 아이가 잘 실행할 수 있는지 상태를 점검하며 진행해야 한다는 것은 변함없습니다.

Q 가정 형편상 용돈을 주기가 힘든데 어떻게 해야 할까요?

많은 부모들이 아이에게 용돈을 주면 그만큼 생활비 지출 부담이 늘 것이라 생각합니다. 그러나 이것은 용돈의 사용처와 정의를 잘못 알고 있기 때문에 생기는 오해입니다.

본격적으로 용돈 교육을 시작한다는 것은 '아이가 용돈을 제대로 받는다'는 것을 의미합니다. 하지만 반대로 생각하면 이제까지 부모가 사주던 것들 중에서 용돈에 포함되는 항목을 더 이상 부모가 사주지 않는다는 것이기도 합니다. 다시 말해 용돈을 주는 금액만큼 가정의 생활비 지출에서 아이와 관련된 해당 항목의 지출이 줄어드는 것이죠.

만약 용돈으로 지출하는 금액만큼 가계 지출이 추가로 늘어나게 된다면 금액의 많고 적음을 떠나 가계 지출의 고정비를 상승시키고, 부모는 용돈을 불필요한 지출로 생각할 수 있습니다. 그러면 어떻게 될까요? 부모는 아이가 어디에 용돈을 쓰는지 감시하고 시행착오를 용납하기가 어려워집니다. 따라서 아이의 돈쓰기 훈련을 위해 용돈을 지급하기 시작했다는 것과 용돈을 주는 것만큼 가계지출의 해당 항목에서 지출비용이 줄어들어야 한다는 원칙을 기억하는 것이 무엇보다 중요합니다.

Q 자기 돈이 풍족해서 용돈이 필요 없다고 합니다. 어떡하죠?

소비를 좋아하든, 그렇지 않든 자신의 소득과 지출을 관리하는 방법을 알고 사용할 줄 아는 연습을 하는 것이 용돈 훈련입니다. 그런데 이미 아이가 마음대로 사용할 수 있는 충분한 현금을 가지고 있다면 굳이 부모의 간섭과 관리를 받아야 하는 용돈 훈련에 참여할 이유가 없다고 생각할 수 있습니다. 그래서 용돈 훈련을 시작할 때 아이의 마음속 계정을 '0원'으로 만드는 과정이 필요합니다.

기존에 아이가 마음대로 사용하던 현금을 '아이 이름으로 개설된 저축통장'에 넣어주기 바랍니다. 물론 갑자기 권한과 돈을 빼앗긴다고 느끼면 아이는 상처 입거나 강한 반발심을 가질 수도 있으니 주의해야 합니다.

"○○아, 이제부터 엄마와 아빠가 용돈 훈련을 시작하려고 해. 너는 이미 너의 돈을 알아서 잘 관리하고 사용하고 있지만, 돈을 잘 사용하기 위한 방법은 조금 더 배워야 할 것들이 있거든. 어떤 곳에 쓸지 계획하는 일, 잘 쓰는 방법을 알아보는 일, 계획대로 잘 사용했는지 확인하는 일, 앞으로 사용하기 위해 준비하는 일까지 말이야.

그래서 지금까지 네가 알아서 사용하던 용돈과 현금(세뱃돈이나 선물로 받은 돈)을 저축통장에 넣어두고, 이제부터는 엄마 아빠가 주는 용돈으로 생활하는 연습을 시작했으면 좋겠어."

그동안 마음대로 쓰던 돈이 갑자기 사라지면 좀 서운할 수 있으니까 현재 갖고 있는 돈 중에서 얼마는 통장에 넣고(20세가 되면 줄게~!), 얼마는 비상금으로 갖고 있으면 하는데, 네 생각은 어때?"

이 단계에서 아이의 의견을 반영하여 남겨두는 현금의 액수를 조정해 주는 것은 좋지만 훈련의 실행여부를 아이의 결정으로 바꿀 수는 없다는 점을 명확히 알려주고 지켜야 합니다. 이렇게 기존에 보유하던 현금을 눈앞에서 사라지게 만들어 준 후에 본격적인 용돈 훈련에 돌입해야 합니다.

> 9세

저축을 경험하게 해 주세요

경제교육을 시작할 때 우리가 빠지지 말아야 할 함정은 '아껴 쓰고 저축하는 알뜰한 어린이'라는 환상과 기대입니다. 아이들에게 돈 관리법을 알려주면서 맨 먼저 저축을 가르치려는 부모들이 많은데, 절대 권하지 않는 방식과 순서입니다.

먼저 저축의 의미를 알아야 합니다. 저축은 미래의 소비를 위해 현재의 소비를 희생하는 것이죠. 쉽게 말해 '모아서 쓰기'입니다. 모아서 쓰기는 욕구 지연을 통한 지연 소비, 목표를 설정하고 성취하는 목표 소비의 과정을 경험하게 해줍니다. 다시 말해 소비 경험이 먼저 있어야 미래의 소비(저축)를 계획할 수 있다는 것이지요.

소비에 익숙해지기도 전에 소비를 참는 훈련을 하면 실패할 위험이 큽니다. 그래서 8세 때 지출 계획을 세워 용돈을 쓰는 훈련을 한 다음 9~10세에 저축을 경험하게 해주는 것이 좋습니다.

어른의 저축과 아이들의 저축은 달라요

아이들의 저축은 훈련을 위한 것입니다. 그에 반해 성인의 저축은 미래를 준비하는 실천 활동입니다. 물론 성인도 돈 관리 훈련이 필요한 경우가 많습니다. 하지만 오로지 훈련만을 위한 저축을 실행하기에는 해결해야 할 현재의 과제가 많이 있습니다.

예를 들어 냉장고를 바꾸기 위해 한 달에 10만 원씩 적금을 들었습니다. 1년 뒤에 120만 원이 모였다고 생각해 보세요. 냉장고를 바꿀까요? 아마 저라면 냉장고 청소를 하고 있을 겁니다. 그리고 120만 원을 생각하면서 좋아하고 있겠죠. "아, 이걸로 뭐하지?" 하면서요.

저축 목표를 갑작스레 변경하는 것은 괜찮을까요? 돈에 집착하는 모습이라 안 되는 일일까요? 냉장고 사려고 모은 돈은 반드시 냉장고만 사야 할까요?

그렇지 않습니다. 지출 목표를 바꾸거나 돈을 더 모으는 선택을 하든다 괜찮습니다. 제가 냉장고를 사지 않고 120만 원을 들고 하는 고민은 더 큰돈을 만들고 싶다는 것이 아니라 나의 만족을 키워줄 다른 소비는 없는지 생각하고 실행하기 위한 것이니까요. 그 결론이 투자를 위한 '종자돈 만들기'라고 할지라도 상관없습니다.

하지만 만약 제가 아무리 성인이라 해도 돈 관리 습관을 새롭게 정립하기 위해 훈련하고 있다면 얘기는 달라집니다. '저축을 해서 냉장고를 사겠다'고 계획했다면 꼭 냉장고를 구입해야 합니다. 다만 냉장고를 구입할 때 모아 둔 120만 원을 다 쓰지 않는 방법을 찾는 것은 좋습니다.

저에게 재무상담을 하는 분들 중 10~20년 뒤의 장기 플랜을 걱정하는 분들이 있습니다. 그런데 안타깝게도 현재의 재정상태를 들여다보면 마이너스인 분들이 많습니다. 예를 들어 10년 뒤에 필요한 학자금을 모으고 있는데, 당장 내년에 주택 융자 원금을 상환해야 하는 식입니다. 이런 경우 어떻게 해야 할까요?

당연히 학자금 모으던 것을 중단하고 주택 융자금을 갚아야 합니다. 아니면 집을 팔고 좀 더 낮은 가격의 집으로 이사하는 선택을 해야 합니다. 현재가 준비되지 않으면 미래를 준비할 수 없기 때문입니다. 이것이 우리가 아이들에게 알려주고 싶은 현재의 돈 관리와 미래의 저축 계획에 대한 것입니다.

현재에 대한 준비가 소비를 계획적으로 하는 일이라면 저축은 미래에 대해 단계별로 준비하는 일이라고 할 수 있습니다. 그래서 아이들 교육에서도 기본적인 소비계획(예산)을 세우고 지키는 연습을 먼저 하고 나서 저축 훈련을 시작하는 것이죠.

아이는 다방면으로 빠르게 성장합니다. 당연히 돈에 대해서도 욕구가 커지고 있습니다. 쓰고 싶은 지출 항목이 추가되고, 같은 지출 항목도 금액이 커지는 것이 당연합니다. 타인에 대한 관심도 커지기 때문에 기부를 시작하기도 하고, 수집활동(레고나 다양한 캐릭터 장난감)을 취미로 가지기도 하여 조금 큰 금액이 필요한 지출을 하고 싶어 하기도 합니다. 이제 이런 취미나 수집활동에 필요한 금액이 용돈으로 해결되기 어려운 것은 당연합니다.

자, 이제 아이와 '저축'을 이야기할 수 있는 시기가 되었습니다.

용돈 훈련 2단계, 예산서에 저축 계획을 넣어요

8세 때 용돈 훈련은 ① 용돈 내역 정하기 ② 예산서 만들기 ③ 주 1회 용돈 지급 ④ 결산과 예산 순으로 진행했습니다. 9세 때 용돈 훈련은 저축이 포함되어 있다는 것 외에는 기본은 동일합니다. 다만 단계별로 조금씩 확장되거나 추가되는 부분이 있습니다.

1. 용돈 내역 정하기

8세 때와 마찬가지로 아이에게 용돈으로 지출하고 싶은 내역을 묻고, 부모와 함께 결정합니다. 지출 내역은 저축 계획을 포함해 5~7가지로 확대하고, 금액도 늘립니다. 아직은 용돈 내역과 금액에 대한 결정의 주도권은 부모가 가져야 하는 시기임을 잊지 말아야 합니다.

아이에게 지출 항목을 늘리는 것은 쉬운 일만은 아닙니다. 민준이의 경우 8세에 처음 용돈 훈련을 할 때는 장난감을 사는 일부터 다양한 활동을 넣고 싶어 했어요. 하지만 3가지 정도의 지출에도 결정하고 지켜야 할 것이 생각보다 많고, 여러 시행착오를 겪으면서 용돈 항목을 늘려달라는 요구는 많이 하지 않았습니다. 권한이 커질수록 책임질 일도 늘어나는 경험을 하면서 아이 스스로 조절하게 된 것이죠.

이런 경우에는 부모가 먼저 지출 항목을 제안하는 것도 좋습니다. 저는 학용품의 지출 금액 한도를 늘리고 친구들의 생일선물을 위한 지출과 아이의 장난감 구입을 위한 저축 훈련을 제안하고 해당 금액을 새롭게 추가해주었습니다.

2. 저축 계획을 포함하여 예산서 만들기

용돈 내역을 정했으면 월 단위 수입과 지출을 포함한 예산서를 작성할 차례입니다. 8세 때처럼 우선 아이가 초안을 적어보도록 하는 것이 좋아요. 예산서 역시 아직은 부모가 주도하여 만들게 될 것입니다.

아이와 함께 용돈에 저축 계획을 포함하고, 어떤 방식으로 모을지 함께 결정합니다. 처음의 저축방법은 속이 보이는 저금통(유리병)이면 충분합니다. 아이에게 용돈의 항목과 집행에 대해 주도권을 넘겨주기 위한 과정에 들어갔다는 이야기를 지속적으로 해주세요.

민준이의 용돈 예산서 2단계를 보면 간식비, 학용품, 친구들 방방 항목은 8세 때와 동일합니다. 다만 간식을 사는 횟수가 주 2회, 금액이 두 배로 늘었고, 학용품 금액도 1,000원 더 늘었습니다.

새로 추가된 항목은 '생일선물'과 '저축'입니다. 친구들의 생일을 정확히 알고 있지 못하기 때문에 평균적인 생일선물 준비금을 용돈에 포함해 준 것입니다. 생일이 없는 달에는 해당 금액을 남겨두었다가 생일이 있거나 많은 달에 사용하기로 한 것이죠(저축과는 조금 다른 형태의 모아쓰기 지출입니다. 변동지출이라고 이해하면 더 쉬울 것입니다.).

저축은 민준이가 원하는 캐릭터 장난감이 15,000원이어서 한 달에 3,000원씩 5달을 저축한다는 계획을 포함시킨 것입니다. 이처럼 9세의 용돈 예산서에는 저축과 어떻게 돈을 모으는지 방법을 아이와 함께 결정하는 것이 중요합니다.

2월 예산 작성일자 : 1월 20일						
수입 예산			지출 예산			
날짜	내역	금액	날짜	내역	금액	기억할 사항
2월	용돈	16,000원	2월	간식 1,000원 주 2회	8,000원	밖에서 친구들과 사 먹는 간식만!
	할머니 선물	10,000원	2월	학용품	3,000원	필기구, 공책 5,000원 넘는 건 엄마랑 얘기!
	이모 선물	10,000원	2월	생일선물	3,000원	모아서 사기(생일이 많은 달에는 엄마랑 얘기!)
			2월 16일	친구들 방방	2,000원	한 달에 한번
			2월 20일	저축	3,000원	캐릭터 장난감 구입(5개월 간)
	할머니랑 이모 선물은 스무살 통장으로~!		2월	스무살 통장에 저축	20,000원	수입과 지출 합계에 포함하지 않습니다.
	합계	16,000원		합계	16,000원	

(표) 민준이의 용돈 예산서 2단계

3. 용돈 지급

용돈 제안서에서 결정된 용돈 금액을 아이와 함께 정한 날짜에 지급하면 됩니다. 아이가 용돈을 계획대로 잘 집행해왔다면 용돈 지급 주기를 2주나 월 단위로 늘려 잡아도 좋습니다.

4. 결산과 예산

다음 달의 예산을 작성하기 위한 순서입니다. 추가해야 할 항목이나 행사가 있는지 살펴보고, 용돈 내역서를 참고하여 수입과 지출 예산을 작성합니다. 이때 이미 지출된 용돈과 남은 지출 내역을 살펴보고, 용돈이 부족하거나 남지 않았는지, 이유는 무엇인지 등을 살펴봅니다(이것이 결산입니다).

아이의 실수나 예산 작성에서 놓친 부분이 있는지 확인하고, 다음 달의 예산에 해당 문제의 해결책을 반영하도록 합니다. 전체적인 용돈의 금액과 가짓수가 늘어났기 때문에 전처럼 기억에만 의존해서 결산하기가 쉽지 않을 수 있어요. 따라서 아이에게 짬짬이 지출 내역을 메모하도록 알려주는 것도 필요합니다. 용돈기입장을 작성할 필요는 없어요. 간단한 날짜수첩에 중요한 지출을 적는 정도면 충분합니다.

저축 훈련 전, 아이와 돈의 소유권과 사용처부터 협의해요

저축을 하기 전에 아이와 함께 먼저 협의해야 할 것이 있습니다. 아이들에게는 용돈과 별도로 명절에 받는 세뱃돈, 어른들에게 선물처럼 받는 돈이 생깁니다. 부모들이 아이들 명의로 통장을 만들어줄 수도 있고요. 이러한 돈의 소유권과 사용처에 대해 아이와 확실한 협의를 해야 저축 훈련을 할 때 잡음이 일어나지 않습니다. 돈의 소유권에 대해서는 1장에서도 소개했지만 워낙 중요한 부분이어서 다시 한번 간단하게 소개합니다.

세뱃돈처럼 명절에 받는 돈

아이들이 명절에 받는 세뱃돈은 아이의 소유입니다. 소유권을 정확히 알려주되, 사용에 관한 권한과 책임에 대한 협의는 따로 진행한다는 것을 이야기해 주어야 합니다. 매번 세뱃돈이나 명절에 받는 용돈을 어떤 기준으로 처리할 것인지 아이와 협의하는 것이죠.

전에 받았던 명절 용돈을 모아둔 금액이 있다면 총 액수를 알려주고, 이에 대한 처분방법도 협의가 필요합니다. 아이의 소유임을 인정하되, 아직 큰 액수의 돈을 마음대로 사용하도록 허락할 수 없다는 설명을 해주면서 사용방법을 제시해줄 수 있습니다.

예를 들어 성년이 될 때까지 모아두었다가 사용하는 방법을 제안할 수 있습니다. 현재 모아둔 전체 금액을 알려주고, 언제 사용권을 넘겨줄 것인지 정확히 알려주는 것이 필요합니다.

전체 금액 중 일부는 바로 사용하고, 나머지는 저축하는 방법을 제안할 수도 있습니다. 예를 들면 전체 금액 중 얼마는 아이가 목표한 일에 사용할 수 있도록 허락하고, 나머지는 성년이 된 후 사용할 수 있도록 모아두기로 하는 것이죠.

어떤 방법이든 아이와 협의하는 것이 중요하지만 최종 결정 권한은 부모에게 있다는 것을 잊지 말아야 합니다.

부모나 지인들에게서 받는 비정기적인 선물과 같은 의미의 돈

이 돈의 소유권은 세뱃돈과 마찬가지로 아이에게 있습니다. 다만 이 경우 세뱃돈과 달리 돈을 받는 상황이나 횟수를 예상하기 어렵고, 금액도 1~2만 원 정도부터 10만 원대까지 다양하고, 돈을 주는 사람도 다양할 수 있습니다. 그래서 매번 일관된 원칙을 가지고 적용하기보다는 그때그때 융통성을 발휘하는 것이 좋습니다.

우선 대략의 금액이나 사용에 대한 기준을 정해두는 것이 필요합니다. 예를 들면 '2만 원 이내의 금액은 필요한 일에 알아서 쓰기로 하고, 그 이상의 금액은 저축통장에 넣기로 한다'라든가 '한 달의 기간을 합해서 받은 선물 용돈 금액을 확인하고, 그 중 20%는 필요한 일에 알아서 쓰기로 하고, 나머지는 저축통장에 넣는다'는 방식을 자유롭게 택할 수 있습니다.

부모가 아이의 이름으로 만들어주는 통장

요즘에는 부모들이 아이 이름으로 장기저축과 청약통장 등을 만들어주는 경우가 많습니다. 이 통장은 '아이의 미래를 위한 준비의 의미'로 가족이 함께 지금의 소비를 희생하여 준비하는 돈이기 때문에 소유권이 아이에게 있지 않다는 것을 알려주어야 합니다.

따라서 이 돈은 필요에 따라 사용목적이 달라질 수 있습니다. 예를 들어 집안에 위급한 환자가 발생했다면 아이의 학자금으로 준비한 돈이라 해도 가족의 병원비로 사용할 수도 있습니다.

물론 아이에게 소유권은 없지만 아이의 미래를 위해 준비하는 계획을 세울 때 아이가 원하는 미래를 설계하고 조율하는 과정은 당연히 필요합니다. 예를 들면 아이는 대학에 가는 대신 다른 진로를 생각하고 있는데 부모는 대학 학자금을 준비하는 것일 수 있습니다. 물론, 학자금으로 준비한 자금을 아이에게 필요한 다른 진로를 위한 자금으로 사용할 수 있도록 변경해주는 것도 가능합니다. 이 모든 결정과 변화는 가족이 함께 대화를 통해 만들어가야 한다는 것을 기억해야 합니다. 이런 자금준비에 대해 이야기하면서 아이와 함께 진로에 대해 진지하고 차분한 대화를 만들어 나갈 수도 있습니다.

성공적인 저축 경험을 하도록 도와주세요

이번 단계의 용돈 훈련에서 핵심은 저축 목표를 정하고, 이를 실행하기 위한 저축 계획을 실천하는 것입니다. 저축은 미래의 소비, 즉 지금 소비를 통해서 얻을 수 있는 만족을 포기하고, 소비를 지연하고 모아서 나중에 쓰겠다는 의미입니다.

저축은 내가 지금 희생한 행동(지금의 소비로 인해 얻을 만족)의 결과가 나중에 더 큰 만족(저축으로 목표했던 소비활동으로 인해 얻게 될 만족)으로 돌아올 것이라는 신뢰와 믿음이 있어야 가능합니다. 9세는 '추상적인 것', '눈에 보이지 않는 미래의 결과'를 예상하는 것이 가능해 미래 소비, 저축 경험을 시작하기에 적당한 나이입니다.

하지만 아이들이 성공적인 저축 경험을 할 수 있도록 돕는 일은 쉽지 않습니다. 사실 어른들도 저축을 시작해 끝까지 유지하는 데 종종 실패합니다. 그만큼 저축 경험을 좋은 습관으로 자리 잡게 하려면 차근차근, 세심하게 진행해야 합니다.

3~6개월 안에 모아서 원하는 것에 지출하는 연습

누구나 저축을 해본 경험이 있을 것입니다. 3년 이상의 정기적금을 몇 번이나 만기까지 유지하셨나요? 1년 기한의 정기적금도 만기까지 유지하지 못하고 해지한 분들이 생각보다 많습니다.

아이들은 더 말할 것도 없습니다. 9세 아이에게 필요한 저축 경험은 1년 이상의 장기적인 저축도, 10만 원 이상의 고액을 목표로 하는 저축도 아닙니다. 그저 아이가 '돈을 모으면 커진다는 것, 준비하면서 기다리면 원하는 것을 실행할 수 있는 가능성이 커진다'는 것을 알게 하는 것이 중요합니다. 따라서 이 시기의 저축은 3~6개월 안에 1~2만 원 정도를 모으는 정도로 충분합니다.

이 경우 저축에 사용되는 돈은 아이의 정기 용돈에 포함시켜야 합니다. 저축은 아이가 매월 해당 액수를 모아서 집행하는 연습을 할 수 있도록 도와주는 훈련을 위한 것이기 때문입니다.

예를 들어 간식비, 학교 준비물, 나들이 비용과 같은 것을 합해서 한 달 용돈이 3만 원일 때, 아이가 레고 장난감 3만 원짜리를 갖고 싶다고 이야기합니다. 그냥 사줄 수도 있겠지만 저축을 해서 사게 한다면 아이의 경제교육에 도움이 되겠죠?

3만 원짜리 레고 장난감을 3개월 동안 모아서 사려면, 한 달에 1만 원씩 저축하면 됩니다. 저축에 필요한 1만 원을 일주일에 2,500원씩 나누어서 용돈에 포함해 지급하면 됩니다.

아이가 원하는 것이 하나가 아닐 수도 있습니다. 이럴 때는 아이와 함께 소망 목록(wish list)을 만들어 볼 것을 권합니다. 단, 목록을 작성할 때는 필요 금액의 크기를 제한하지 않는 것이 좋습니다.

아이가 원하는 물건이나 활동(여행, 외식 등)을 물어보고 하나하나 적어보고, 실행하기 위해 필요한 금액을 예상해 봅니다. 필요한 금액은 아이와 함께 조사해보거나 부모가 알려줘도 괜찮습니다.

	소망(wish)	필요한 것의 이름과 수량	예상 가격	준비기간
1	레고 블록 사기	닌자고 1단계	60,000원	월 15,000원 * 4개월
2	변신 장난감 사기	또봇 레볼루션	40,000원	월 5,000원 * 8개월
3	놀이동산 놀러가기 (가족 모두)	입장료, 간식비, 점심 값, 교통비, 엄마, 아빠 시간	300,000원	월 20,000원 * 15개월
4	외식하기 (가족 모두)	엄마, 아빠 시간 아웃백에서 스테이크	120,000원	월 20,000원 * 6개월
5	게임 구입	엄마, 아빠 허락(부모 동의 필요한 게임)	30,000원	10,000원 * 3개월

이렇게 적은 목록을 참고하여 아이와 부모가 함께 우선순위를 결정합니다. 저축 목표를 반드시 목록에서 결정할 필요는 없어요. 앞으로 저축 목표를 정할 때 참고할 수도 있고, 부모가 별도의 플랜으로 아이의 소망 목록을 함께 실행해도 좋습니다.

이때 부모가 해야 할 일은 언제 이 소망을 이루고 싶은가(실행 시기를 조정하고 결정하기)를 고민하도록 도와주는 것입니다. 실현 시기에 대한 예상과 조정을 거쳐야 저축 계획을 연습하기 위한 소망 목록을 만들 수 있습니다.

저축 목표를 결정할 때 아이가 가장 원하는 것을 할 수도 있지만 가족이 함께 즐기기 위한 이벤트를 선정할 수도 있습니다. 156쪽의 표를 예시로 생각해 보면 '1. 레고 블록 사기'나 '2. 변신 장난감 사기'는 달성하기 어렵지 않지만 '3. 놀이동산 가기'나 '4. 가족 모두와 외식하기'는 금액이 커서 아이 혼자서 모으는 건 한계가 있고, 자칫 좌절감을 맛보게 할 수 있습니다. 따라서 이런 경우에는 아이와 부모가 나름의 비율로 함께 부담하는 저축 계획을 세우는 것도 좋은 방법입니다.

'5. 게임 구입'은 저축 목표에 넣을 수 있는지를 살피기 전에 부모가 허락할 수 있는 게임인지부터 확인하는 작업이 필요합니다. 하지만 이 경우에도 아이가 원하는 것을 표현하는 것을 제한해서는 안 됩니다.

저금통 만들기(투명한 유리병 준비하기)

저축 계획을 세웠으면 돈을 모아야 합니다. 은행 통장을 만들어 저축하게 할 수도 있지만 저금통에 모을 수도 있습니다. 저금통을 이용할 때는 시중에서 판매되는 저금통을 구입하기보다는 투명한 유리병을 사용하는 것이 더욱 효과적입니다.

아이들은 눈앞에 보이는 돈을 보면서 유혹을 느끼지만 자신의 목표가 실현되는 과정을 확인하는 성취감도 느낍니다. 그래서 투명한 유리병에 저축하면 돈이 모이는 과정을 아이가 보면서 뿌듯해하죠.

저금통에 저축하는 것은 돈을 구분하여 보관하는 연습도 됩니다. 저축 계획을 달성하려면 저축할 금액과 지출할 금액을 구분하는 것이 좋습니다. 어른들을 위한 재무지침서에 단골 메뉴로 나오는 것이 '통장 쪼개기'입니다. 용도별로 돈을 구분해두면 소비를 효과적으로 제한할 수 있듯이 아이들도 저축할 돈이 용돈지갑에 함께 섞여 있지 않아야 잘 모을 수 있습니다.

목표한 지출 계획을 실행하기

원하는 것을 하기 위해 3개월 목표했던 돈을 모았다면 지출을 실행해야 합니다. 아이들과 하는 저축 훈련은 지출까지 실행해야 완성됩니다. 3개월 동안 3만 원짜리 레고 장난감을 사기 위해 한 달에 1만 원씩 저축해 3만 원을 모았다면 레고를 사러 가면 됩니다.

저축 목표가 완성될 즈음이 되면 쇼핑 장소와 실제 판매 금액을 알아보고 비교하는 시간을 미리 갖는 것이 좋습니다. 가격비교를 해보면 인터넷 쇼핑몰에서 판매하는 제품이 더 싼 경우가 많습니다. 하지만 처음 저축 목표를 실행하는 것이기 때문에 오프라인 매장 중에서 저렴한 곳을 찾아서 실행할 것을 권합니다.

가능한 처음에 목표한 계획대로 모은 돈을 사용하는 것이 중요합니다. 아이의 마음이 변해 돈이 아깝다고 목표를 갑자기 수정하거나 목표 실현을 미룰 수도 있는데, 저축의 의미를 잘 설명하고 실행하도록 도와주는 것이 좋습니다.

아이가 직접 현금으로 지불하기

같은 물건이라도 신용카드로 결제하면 할인 혜택을 받는 경우가 있습니다. 그래서 아이가 모은 돈을 사용하지 않고 부모 신용카드로 계산할 수 있는데, 절대 해서는 안 됩니다. 저축은 아이의 시간과 노력이 실제로 확인되는 과정을 보여주는 훈련이니까요. 부모의 신용카드로 결제를 해 버리면, 아무리 아이가 모은 돈을 부모에게 준다고 해도 그동안의 시간과 노력이 원하던 물건으로 교환되는 과정을 제대로 느끼기 어렵습니다. 현금 손실의 강렬함이 사라지게 되는 것이죠.

처음 세웠던 저축 계획에 성공하면 아이는 자신감이 붙을 것입니다. 그러면 다음 두 번째 저축 목표는 무엇을 정할지 생각하고 실행하면 됩니다. 한동안은 3개월 단위의 저축 계획을 여러 번 실행하는 것이 더 좋습니다. 다양한 성공 경험도 쌓이고, 훈련이 몸에 습관으로 배이도록 만들어 주는데도 좋습니다. 이렇게 진행되는 훈련이 안정되었다면 저축 기간을 6개월, 나아가서는 1년까지 늘려도 됩니다.

아이에게 저축 훈련은 보상의 역할도 함께 합니다. 매주 2,500원을 소비하고 싶은 마음을 참아서 5,000원, 7,500원, 10,000원……. 마침내 30,000원 달성. 그렇게 돈을 모으면 시간이 지날수록 액수가 커지면서 유혹도 커지는데 그걸 참고 참아서 자신이 목표했던 활동이나 소비를 이루는 것이기 때문에 보상과 성취 효과가 있습니다.

저축 훈련 FAQ

가장 이상적인 저축 훈련은 아이가 계획한 대로 돈을 모아서 원하는 것을 실행하는 것입니다. 그런데 실제 훈련을 하다 보면 아이들 마음이 갈대처럼 바뀌는 경우가 많습니다. 원하는 것이 그때그때 달라지는 것이죠.

민준이도 그랬습니다. 민준이 생일이 4월 6일인데, 3월 25일부터 매일매일 바라는 선물이 바뀝니다. 그때마다 "응, 그래 좋아. 그날 선물 사러 가서 얘기하자"라고 말합니다. 몇 번 반복하면 아이는 "엄마는 왜 매번 '좋아~'라고만 해요?"라고 말하면서 절대 안 바뀔 거라 다짐하지만 결국 또 바뀝니다.

물론 나이가 들수록 원하는 것이 한번 정해지면 오래가는 모습도 보입니다. 아이의 연령이나 성향에 따라서도 다르죠. 하지만 대부분의 아이들은 물건이 눈앞에 보일 때, 그 순간의 상황에 따라 원하는 것이 달라지는 것 또한 자연스러운 모습입니다.

Q 돈을 모은 후 다른 걸 사고 싶어해요

아이가 애초의 저축 목표를 위한 3만 원을 모으는 일까지는 순조롭게 잘 해냈는데, 3개월이란 시간이 지나고 보니 원하는 물건, 즉 저축 목표(욕구)가 변화된 상황이 발생한 것입니다. 아이들은 이렇게 마음이 자주 바뀝니다.

일단 아이가 모은 돈이고, 모은 금액 이내에서 바꾸는 것이 나쁘진 않습니다. 이미 갖고 있는 물건이거나 원하는 것이 없다고 일단 쓰고 싶은 마음에 아무거나 고르는 것이 아니라면 크게 문제될 것이 없습니다.

Q 아이가 원래 사려고 했던 장난감이나 문구는 3만 원인데, 비싸다고 좀 더 싼 장난감을 골라서 산다고 하면 어떻게 하죠?

괜찮습니다. 아이는 자신의 욕구를 조절한 것입니다. 돈을 쓰는 것이 너무 아까워서 아무것도 안 사는 건 문제가 될 수 있습니다. 왜냐하면 장난감을 원하는 욕구가 사라진 것이 아닌데 돈이 너무 좋아서 참는 것이니까요.

하지만 가격을 비교해서(만족도를 따져서) 적당한 다른 장난감을 구입하는 것이라면 자신의 욕구를 전환하고, 다른 대안을 찾은 것입니다. 이렇게 다른 물건을 사는 경우, 또는 더 적은 금액이 지출되는 물건을 사는 경우, 그리고 할인되는 물건을 찾고 남은 돈을 다른 일에 사용하는 경우 모두 괜찮습니다.

Q 애초의 저축 목표는 원하는 장난감 사기였는데, 돈을 안 쓰겠다고 합니다

아이는 왜 모은 돈을 그대로 가지고 있고 싶어 할까요? 그야 좋으니까요. 아이는 자신의 손에 돈을 가지고 있는 것이 좋은 겁니다.

돈이 가능성이라고 말한 것을 기억하세요. 아이는 다양한 가능성을 가지고 있는 것도 좋고, 큰돈(아이 입장에서)을 자기 소유로 들고 있는 것도 만족스러운 것입니다. 그리고 쓰는 것(지출)이 아깝게 느껴지기도 하는 것이죠(지출을 손실로 생각하고 있는 모습입니다).

나쁘지는 않지만 저축 훈련임을 기억한다면 돈 자체를 좋아하는 마음을 조금 바꿔주어야 할 필요가 있습니다. 우리가 하는 훈련이 돈 모으기 훈련이었다면 상관없을지도 모르지만(그랬다면 저축 훈련이 아니라 '투자를 위한 종자돈 모으기' 훈련을 진행했어야 합니다), 우리 훈련은 돈을 관리하는 (돈을 벌고, 쓰고, 필요한 때를 준비해서 모으는) 것이기 때문입니다.

바로 '필요한 곳을 생각하고 돈을 준비해서(모아서) 실행하는 일'이 저축 훈련입니다. 저축 훈련에서 이야기하고 싶은 것은 '돈은 반드시 써야 한다'는 아닙니다. 아이가 배워야 할 것은 '저축하는 돈은 목표했던 일을 위해서 모아서 쓰는 것이다'입니다. 이것이 정해진 목표를 위해 일정한 기간 동안 돈을 조금씩 모아서(현재의 소비로 인한 만족을 포기하고) 원하는 목표에 돈을 사용하는 일(미래의 만족을 실현하는), 저축 훈련입니다.

이렇게 완결되는 활동까지 하지 않고, 중간에 돈을 모으는 것에서 멈추게 되면 아이는 미래 소비를 위한 저축하기(자금계획과 실행)를 배우지 못하고, 단순히 돈 모으기만 할 줄 아는, 인색한 사람으로 성장할 수도 있습니다.

> **Q 아이가 저축으로 모은 30,000원 중에서 레고를 15,000원어치 사고, 나머지 15,000원을 다른 곳에 쓰고 싶다고 합니다**

계획한대로 사용하고 남은 돈은 누구 것일까요? 아이의 것입니다. 용돈에서 저축한 30,000원은 누구 것인가요? 역시 아이 돈입니다. 그러니 그 돈을 어디에 쓰든 권한을 넘겨준 이상 아이에게 결정권이 있습니다. 다만, 부모는 아이의 보호자이고 저축은 돈 관리 훈련이었으니까 사용에 대한 제안이나 기준선을 제시할 수 있는 것입니다.

이런 경우를 생각해 보세요. 30,000원짜리 레고를 사기 위해 마트에 갔습니다. 그런데 열심히 모은 돈이니까 무턱대고 쓰는 게 아까웠어요. 그래서 아이가 레고 할인하는 곳을 열심히 찾았습니다. 그래서 15,000원에 똑같은 레고를 구입했어요.

그럼 나머지 15,000원은 훌륭하게 남긴 것으로 칭찬해야겠죠? 그리고 당연히 다른 곳에 쓰는 것도 허락해 줘야 할 것입니다. 물론 남은 돈을 어떻게 사용하려고 하는지 함께 이야기하고 확인하는 작업은 반드시 필요합니다. 다만, 이 경우엔 아이의 욕구와 재량권을 조금 더 인정해주는 것이 좋습니다.

Q 아이가 막상 물건을 사려고 가더니, 돈을 더 모아 더 비싼 물건을 사겠다고 하는데 괜찮을까요?

아이가 돈 쓰는 것을 아까워하는 경우와 반대로 소비하고 싶은 욕구가 커져서 고민이 생기는 경우도 있습니다. 예를 들어 30,000원짜리 장난감을 사기 위해 저축을 했는데, 물건을 사려고 갔더니 아이가 60,000원짜리 세트 장난감이 더 마음에 든다면서 "엄마, 나 원래 사려던 거 안 사고 더 모아서 60,000원짜리 세트 살래요"라고 합니다. 어떻게 해야 할까요?

괜찮습니다. 그대로 하게 해 주셔도 됩니다. 하지만 그전에 확인하고 알려주어야 할 것은 있습니다.

"앞으로 30,000원을 더 모으려면 또 3개월을 기다려야 하는데, 정말 괜찮겠니? 엄마는 60,000원짜리 저축을 다시 시작하기로 하고, 일단 이번에는 네가 그동안 수고한 게 있으니까 작은 거라도 너한테 선물하는 것을 샀으면 좋겠는데? 어때?" 하고 제안해 주어야 합니다.

기다리는 시간에 대한 수고와 작은 성취에 대한 이야기를 해 주지 않으면 행복감을 계속해서 뒤로 미루는 선택을 하게 될 수도 있습니다. 언제나 더 좋은 물건, 더 많은 돈이 드는 흥미로운 일은 있을 테니 말입니다. 그래서 더 큰 만족을 위해 노력하는 동안을 견디기 위해서도 지금 행복한 것도 중요하다는 이야기를 해 주어야 합니다. 너무 큰 만족만을 위해서 욕구를 누리는 일을 뒤로 미루기만 하는 것이 항상 좋은 것은 아니니까요. 저축 계획의 마지막이 실행인 것은 보상의 의미가 들어있다는 것을 항상 기억하기 바랍니다.

9세 용돈 FAQ

용돈 훈련은 보통 8세에 시작하지만 사실 8세 때는 처음 용돈을 받아보는 것이어서 부모가 고민해야 할 내용이 단순할 수 있습니다. 아이의 요구도 많지 않고요. 하지만 9세가 되면 상황이 좀 달라집니다. 아이가 용돈을 받고 쓰는 데 어느 정도 익숙해지면서 부모가 미처 생각지 못한 새로운 상황이 생길 수 있습니다. 9~10세 전후에 용돈 관련해 많이 발생하는 상황별로 어떻게 정리하는 것이 좋을지 정리해보았습니다.

Q 아이가 친구 생일 때 필요한 선물비용을 용돈에 넣고 싶어 해요. 매달 친구 생일이 있는 것도 아닌데 괜찮을까요?

매달 친구의 생일이 있는 것은 아니지만 가족과 친지, 친구의 생일을 모두 고려하면 매월 일정 금액이 필요하다고 계획하는 것이 좋습니다. 매달 일정 금액을 받아서 불규칙한 생일선물 계획을 실행하는 것이 오히려 힘든 미션일 수 있습니다.

생일선물을 아이가 준비하게 하고 싶다면 매달의 지출 예산을 계획할 때 해당 월의 생일을 찾아보도록 하여 예산에 포함하면 됩니다. 이 경우 알지 못했던 생일선물 비용이 발생할 수도 있고, 생일이 몰려있는 달의 경우 용돈 금액이 커질 수 있습니다.

만약 생일선물 비용을 용돈에 포함시키는 것이 부담스럽다면 그 이유부터 먼저 생각해보아야 합니다. 생일선물 비용으로 인해 아이가 받는 용돈의 전체 금액이 커지는 것에 부담을 느끼는 경우라면 생일선물을 구입하는 쇼핑을 '부모와 함께 진행하는 쇼핑 이벤트'로 만들어도 좋아요. 물론 이때도 아이가 직접 현금을 가지고 집행하도록 해야 합니다.

Q 아이가 용돈이 모자라다고 친구에게 돈을 빌렸습니다. 대신 갚아 줘야 할까요?

우선 부모가 기억해야 할 가장 중요한 점은 '어떤 이유가 있더라도 아이에게 문제가 생겼을 때 부모와 먼저 상의해야 한다는 것을 아이가 알아야 한다'는 것입니다. 특히 금전과 관련된 문제라면 더더욱 그렇습니다. 이 이야기를 먼저 아이에게 꼭 해주어야 합니다.

친구와의 금전문제는 제법 자주 발생하는 일입니다. 오히려 이런 문제를 해결하는 과정을 통해 부모를 믿고 상의할 수 있는 사람으로 인식하게 만드는 것이 중요합니다.

언제나 발생한 상황을 해결하는 것보다 먼저 해야 할 일은 왜 그러한 일이 발생했는지 원인을 살펴보는 것입니다. 아이들과 관련된 일에서는 특히 더 중요한 원칙입니다. 돈을 빌린 행위에 대한 질책이나 책임을 따지는 일은 두 번째 해결과제입니다. 왜 돈을 빌리게 되었는지 알아야 합니다. 아이가 용돈이 부족했다고 말한다면 왜 용돈이 부족했는지 살펴봐야 합니다.

우선 예산 수립과 집행에 문제가 발생한 것일 수 있습니다. 우리의 용돈 훈련은 매달 필요한 지출 계획과 수입 계획을 세우고 그에 맞추어 실행하고 점검하는 구조입니다. 이것을 잘 실행하고 있다면 용돈이 부족해서 돈을 빌려야 할 상황은 생기지 않아야 정상입니다. 그런데도 이런 상황이 발생했다면 어디선가 다른 문제가 생기고 있다고 생각해야 합니다.

우선 예산 수립에서 실수한 것이라면 상대 아이에게 돈을 갚아주고 앞으로 돈을 빌리기 전에 부모와 먼저 상의하도록 따끔하게 알려주면 됩니다. 또는 돈이 부족한 이유가 계획대로 집행하지 않고 잘못 사용한 결과라면 이를 책임지기 위한 활동(아이의 저축통장에서 회수한다든지, 해당 금액을 메우기 위한 아르바이트 실행)과 **벌칙**(엄마의 잔소리, 용돈 삭감, 집안일 추가하기 등)을 수행하면 됩니다. 역시 이 경우에도 문제가 생기면 부모와 먼저 상의해야 한다는 것은 반드시 알려주어야 합니다.

예산과 집행이 문제가 없는데 돈이 부족했던 경우도 있을 것입니다.

이렇게 별도로 돈이 필요했던 상황이 무엇인지 조심스럽게 살펴봐야 합니다. 그 문제가 어떤 것이냐에 따라 ① 부모가 대신 갚아주고 덮어줄 것인지 ② 문제를 공론화해서 상대 아이의 부모와 함께 풀어갈 것인지 ③ 부모가 대신하여 우선 상대아이에게 돈을 갚아주고 우리 아이에게 책임지는 일과 벌칙을 수행하게 할 것인지를 결정하면 됩니다.

Q 용돈을 많이 주는 것이 좋은 건가요? 아이가 친구들의 용돈 금액과 비교합니다.

용돈의 금액은 권한의 크기입니다. 용돈이 많다는 것은 아이가 가진 권한이 크다는 것을 의미합니다. 당연히 아무런 의무와 책임이 없다면 권한이 큰 것을 좋아하겠죠. 하지만 모든 권한에는 책임과 의무가 뒤따릅니다.

다시 말해 용돈을 관리한다는 것은 권한에 맞는 책임과 의무를 수행한다는 의미입니다. 용돈의 금액이 커질수록, 즉 권한이 커질수록 뒤따르는 책임과 의무도 커져야 합니다. 아이들은 친구의 권한 크기만을 알지, 뒤따르는 책임은 알지 못합니다. 이것을 알려주어야 합니다. 또한 이것이 훈련이고, 과정을 잘 마치면 권한의 크기도 커질 것이라는 점을 알려주는 것도 필요합니다. 이 이야기를 할 때는 아이가 잘 기다릴 수 있도록 다독이며 이야기해 주는 것이 중요합니다.

Q 친구에게 돈을 빌려줬다고 합니다. 못 받아서 속상해하는데 어떻게 해야 할까요?

용돈을 받는 아이들에게 흔하게 발생하는 상황입니다. 친구와 돈 거래를 하는 것에 대해 쉽게 알려줄 수 있는 좋은 기회입니다. 그러니 아이를 너무 혼내거나 놀라지 않으셔도 됩니다.

여기서 기억해야 할 것은 친구에게 빌려준 돈을 돌려받는 것이 문제 해결은 아니라는 점입니다(갈취나 학교 폭력등과 연관된 상황이 아니라면 말입니다).

우선 돈을 빌려주게 된 상황과 이유를 확인해야 합니다. 금액은 두 번째 문제입니다. 아이들끼리 빌려주는 금액의 크기는 아이들 용돈 범위 안이라면 대부분 편의점 간식비 정도입니다.

금액의 크기와 상관없이 아이가 자발적으로 친구를 돕고 싶어서 자신의 용돈 범위 안에서 빌려준 것이라면 돈을 빌려주고 돌려받는 것(채무자와 채권자)의 어려움과 마음가짐에 대해 알려주고, 앞으로 어떻게 행동해야 하는지 교육하는 정도로 마무리해도 좋습니다.

만약 아이가 빌려주고 싶지 않았는데, 강압적인 분위기와 관계로 인해 어쩔 수 없었다는 이야기를 한다면 학교 선생님과 상의하고, 또한 상대 아이의 부모와 함께 풀어가야 하는 문제입니다. 이런 경우는 생각보다 피해 금액이 클 수도 있습니다.

금액이 적더라도 아이가 위협을 느끼거나 억압된 상태로 돈을 빌려줬다면 당연히 문제가 됩니다. 아이 입장에서는 빌려준 것이 아니라 뺏긴 것일 수도 있으니까요. 하지만 상대 아이와의 관계에서 오해가 생긴 것일 수도 있으므로 조심스럽게 접근해야 할 문제입니다.

어떤 경우든 아이에게 이러한 상황이 발생했을 때 부모에게 바로 알리고 위험을 피하기 위한 방법을 교육하는 것은 반드시 필요합니다.

친구에게 돈을 빌려주다

민준이가 4학년 때 일입니다. 여느 때와 마찬가지로 월말에 다음 달 예산을 세우고 용돈 사용 내역을 간단히 점검하는데, 지출한 금액과 지갑에 남아있는 돈이 일치하지 않았습니다. 살펴보니 아이가 해당 월에 필요한 학용품이 없어 학용품비로 지출하기로 한 금액이 남아있어야 하는데 남은 돈이 부족한 상황이었습니다.

어떻게 된 일인지, 혹시 돈을 잃어버린 것인지 아니면 다른 문제가 있는 건지 물어보니 작은 소리로 말하더군요.

"사실은 엄마, 내 친구 ○○이가 빌려달라고 해서 줬어요. 근데 아직 못 받았어요."

이유를 물어보니 애들이랑 학교 끝나고 간식 사먹을 때 ○○이가 돈이 없어 빌려줬는데, 받기로 한 날짜에 못 받았던 겁니다. 베프였던 친구였는데, 돈을 못 받으니 기분이 좋지 않았던 모양입니다.

"엄마는 민준이가 가능하면 친구에게 돈을 빌려주는 것도, 네가 돈을 빌리는 것도 하지 않았으면 좋겠어.

왜냐하면 빌려준 돈의 크기와 상관없이 자칫하면 친구와의 관계가 서먹서먹해 질 수 있기 때문이야. 그런데 겨우 간식 사 먹는 돈 때문에 '베프'하고 그렇게 되면 너무 슬프잖아. 그렇지 않니?"

아이는 이해했고, 간식 먹고 싶다고 돈을 빌려달라고 할 때는 한번쯤 그냥 사주거나 같이 안 먹고 다른 재미있는 놀이는 하는 방법도 있다고 알려주었습니다.

"응 알았어. 앞으로는 ○○이 간식은 내가 사줄 거야. 지난번에 ○○이가 나한테 맛있는 거 사준 적도 있거든."

"그래, 잘했어. 이번에 빌려준 돈은 ○○이가 기억해서 돌려주면 기분 좋게 받고, 혹시 돌려주지 못하더라도 크게 생각하지 않는 걸로 하자. 알았지"

(다행히, 다음날 민준이 친구는 빌려갔던 돈을 갚았습니다. 아이는 자랑스럽게 저한테 보고했지요.)

> 10세

용돈 계약서를 작성하세요

용돈을 계획한 대로 쓰고, 저축 훈련에도 어느 정도 익숙해졌다면 '용돈 계약서'를 작성해보세요. 경제교육이 효과적으로 잘 이루어지려면 부모와 아이가 서로 신뢰를 갖고 약속을 잘 지켜야 합니다. 만약 어느 한쪽이 변덕을 부린다면 교육 효과는 떨어질 수밖에 없습니다.

용돈 계약서는 계약 당사자 중에서도 특히 부모를 위해 작성하는 것입니다. 왜냐하면 아이와의 관계에서 부모가 강자이기 때문입니다. 계약조건의 결정부터 계약의 변경, 해지에 이르기까지 기본적으로 강자가 유리한 위치에 있다는 것은 불변의 사실입니다.

계약이란 계약 당사자 간의 신뢰를 확인하고 이행과정을 확인하는 것입니다. 때문에 계약은 반드시 쌍방이 동등한 권한과 의무를 나누어가져야 합니다. 아이와 부모 사이에 체결되는 계약이라 해도 이러한 원칙은 동일합니다. 계약에 기초하여 운영되고 있는 지금의 사회에서 계약의 조건을 따지고, 체결한 계약을 이행하는 것은 현대를 살아갈 아이에게 반드시 가르쳐야 할 중요한 기술입니다.

용돈 계약서, 너무 가혹하다고요?

"내가 너무 엄격하게 하는 건가? 아무리 어른이 되었을 때 알아야 할 것이라고 해도 부모 자식 사이인데 돈 계약이라니……, 너무한 거 같은데."

아이와 용돈 계약서를 작성하라고 하면 많은 부모들이 이런 걱정을 합니다. 이런 걱정의 바탕에는 용돈 계약서의 규칙과 내용을 아이만 지켜야 한다는 생각이 깔려 있습니다.

용돈 계약서는 용돈의 금액을 정하는 것이 아닙니다. 용돈의 실제 금액은 매달 작성하는 예산서를 통해 결정됩니다. 용돈 계약서를 작성하는 것은 용돈과 관련된 전체적인 규칙을 정하는 협상의 과정이고, 결과물입니다. 부모와 아이가 서로 지켜야 할 규칙과 내용을 정하는 것입니다. 때문에 부모와 아이가 동등하게 의무와 권리를 가지도록 주의를 기울여야 합니다.

계약의 원칙은 상호 공평하고 대등하게 성립해야 합니다. 그래서 현저하게 일방이 불리한 계약은 법에서도 무효로 처리됩니다. 이러한 계약의 원칙을 익히고, 문서의 형태로 만들고 작성하는 경험은 아이가 자라 성인이 되어 돈을 관리할 때 큰 도움이 됩니다.

계약은 힘에 의해 만들어지는 것이 아닙니다. 오히려 계약은 강자와 약자 사이에서 힘의 차이 때문에 발생할 수 있는 분쟁을 미리 방지하고 서로의 약속을 지키기 위한 것입니다. 그래서 계약을 지키지 않으면 명예가 실추되거나, 사회적 신뢰를 잃거나, 법적인 책임을 지는 상황이 발생합니다. 따라서 부모와 아이 사이에서 작성한 '용돈 계약서'도 당연히 꼭 지켜져야겠죠?

아이에게 가장 안전한 성인은 바로 부모입니다. 그래서 아이는 부모를 상대로 문서로 이루어지는 계약의 과정(기간과 조건 정하기, 벌칙과 계약의 내용 정하기)에 대해 학습하고, 문서로 해결하기 힘든 다양한 문제를 계약의 이행과정에서 어떻게 조정해 나가는지 경험하고 연습해야 합니다.

"아, 계약서라는 것은 이렇게 만들어지지만 실제로 진행되는 과정에서는 다양한 상황이 생길 수 있고, 그때마다 새롭게 협의를 통해서 조정하기도 하는구나. 그런데 계약은 상대의 동의도, 나의 동의도 반드시 필요한 것이구나. 한번 정한 계약조건은 마음대로 변경할 수는 없는 것이구나" 하는 것들을 경험하게 되는 것이죠.

용돈 계약서는 아이가 돈에 관해 작성하는 첫 번째 문서(계약)입니다. 계약에는 구두계약도 있고, 묵시적인 계약과 문서로 작성하는 계약도 있습니다. 형태는 다양할지 모르지만 모든 계약은 동일한 배상과 책임 이행의 의무가 발생한다는 공통점이 있습니다. 다시 말해 계약의 효력은 모두 같습니다.

아이는 용돈 계약서를 작성해 보면서 계약의 진행과정과 절차, 발생하는 권리와 책임에 대해 연습해 볼 수 있는 기회를 갖게 됩니다. 비록 가족구성원으로서 부모와 자식의 관계(가족, 친밀함, 공동운명체)에 있지만, 돈에 관해서 만큼은(계약서에 정한대로) 굉장히 중요한 약속이고, 지켜야 할 절차와 과정, 책임과 권리가 있다는 것을 배우게 되는 것입니다. 부모의 모든 교육은 아이가 성인이 되었을 때 필요한 것을 준비해 주기 위한 것이 아닌가요? 용돈 계약서를 작성하는 것이 중요한 이유입니다.

부모가 자주 하는 반칙, 주의하세요

안타깝게도 많은 부모들이 아이의 용돈 교육을 시작하면서 애초의 목적과 이유를 망각하고, 용돈을 ① 아이를 통제하는 수단으로 사용하거나 ② 애초에 합의되지 않은 계약조건을 추가하거나 ③ 마음대로 변경하는 '반칙'을 저지르는 경우가 많습니다. 이러한 부모의 의도하지 않은 반칙은 용돈 교육의 효과를 반감시킬 뿐 아니라 부모에 대한 아이들의 신뢰를 무너뜨리고, 합리적인 대화와 협의를 어렵게 하고 결국엔 가족의 관계까지도 불편하게 만들 수 있습니다.

이러한 위험을 방지하는 가장 좋은 방법이 '용돈 계약서'입니다. 세밀한 조건을 포함시켜 용돈 계약서를 작성하고 부모와 아이 모두가 함께 지켜가는 것이 중요합니다. 하지만 용돈 계약서를 작성하고 지킬 때도 부모가 여전히 반칙을 하는 경우가 많은데, 각별히 조심해야 합니다.

협박의 도구로 사용하지 않기

용돈 계약서에 분명히 금액과 지급 방법이 명시되어 있는데도 아이 성적이 떨어지거나 학습 태도가 좋지 않을 때 혹은 예의 없게 굴었을 때 용돈을 삭감하거나 지급을 늦추는 부모들이 있습니다.

입장을 바꾸어서 생각해 볼까요? 어느 날 내가 일하는 회사의 사장이

나의 업무실적이 회사에서 1등이 아니라는 이유로 갑자기 월급을 10% 줄이겠다고 선언한다면 어떨까요? 혹은 내가 입사한 회사에서 업무교육을 받고 있는데, 빨리 배우지 못한다고 나의 급여를 갑자기 깎는다면 당연한 조치라고 생각할까요?

아이가 아침에 늦잠을 자거나 말대답을 한다고 용돈 지급을 미루거나 중단하는 것은 어떨까요? 회사에서 출근 시간을 간신히 지켜서 오고, 상사의 지시에 꼬박꼬박 말대꾸를 한다고 예의가 없으니 이번 달 월급을 지급하지 않겠다고 하는 것과 같습니다. 말도 안 되는 것이죠.

아이와 어른이 같은지 혹은 회사랑 집이 같은지 항변하고 싶겠지만, 용돈을 훈련의 도구로 지급하고 있는 상황에서는 같은 경우로 생각하고 아이를 대하는 것이 맞습니다. 용돈 훈련에 이런 '태도와 관련된 문제'를 결부하지 않기를 강하게 바라지만, 만약 부모의 철학이 아이의 태도, 예의와 같은 요소를 훈련하는 것이 용돈 훈련과도 큰 관련이 있다고 생각한다면 아주 구체적인 실행 예시를 넣은 계약서 조항을 작성하기 바랍니다.

갑을관계로 만들지 않기, 대등한 의무와 권리를 정하기

용돈 계약서는 어떤 경우에서도 대등한 의무와 권리를 정해야 합니다. 예를 들어 아이가 다음 달 용돈을 일주일 정도 앞당겨 달라고 요청하는 경우 아이에게 이자를 받아야 할까요?

받아야 한다고 생각한다면 부모가 용돈 지급 일자를 지키지 못한 경우, 해당 일자만큼의 가산금도 지급해야 합니다. 그래야 계약이 공평하겠죠? 이것에 동의할 수 있다면 이자를 받아도 좋습니다.

또한 만약 가불금에 대해 이자를 받았다면 아이가 가불한 것에 대해 일체의 잔소리를 해서는 안 됩니다. 우리가 은행에서 대출을 받으면 이자를 냅니다. 금전을 빌리는 대가를 지불하는 것이죠. 그런데 만약 은행에서 나에게 '돈을 잘 사용하지 못했다고, 내가 대출한 것을 비난하는 잔소리'를 한다면 어떨까요?

갑을관계로 만들지 말라는 것은 아이를 통제하고 굴복시키는 수단으로 용돈 계약서를 사용하지 않도록 조심해야 한다는 것입니다. 아이의 실수나 잘못을 교정하고 해결방법을 알려주는 것은 필요하지만 돈(힘, 권력)을 협박의 도구로 사용하면 곤란합니다. 정해진 기간에 용돈이 부족했다면 어떤 상황이 발생한 것인지 알아보고 함께 해결책을 고민하는 것이 우선이어야 합니다.

다짜고짜 아이를 이자로 협박하거나(다음 달의 용돈이 줄어들 거야, 엄마 잔소리와 눈치를 참고 견뎌야 해) 굴복시키는 기회로 만들어서는 안 됩니다. 또한 아이에게 벌칙이나 이자와 같은 배상 책임의 요소를 지키도록 요구했다면 부모 또한 동등한 배상 책임을 져야 합니다.

먼저 규칙 지키기. 부모의 실수를 덮기 위해 이전에 잘못한 것을 상기하지 않기

용돈 지급일을 지키지 못했을 때 아이에게 사과와 양해를 구해야 할까요? 당연히 사과하고 정중하게 양해를 구해야 합니다. 갑자기 현금이 부족했거나 생활이 번잡해 잊었다든가 하는 부모의 사정이 있었을 겁니다. 이런 사정을 정확히 설명하고, 그럼에도 정말 미안하고, 양해해달라는 부탁을 해야 합니다.

아이가 기다림과 계획이 틀어진 것에 대해 불만을 이야기하는 것은 당연합니다. 들어주고 사과하고 설명해야 합니다.

정기적으로 혹은 수시로 계약의 조건을 변경하고 새롭게 협상하는 과정을 공평하게 받아들이기

아이도 부모와 동등하게 계약의 갱신, 변경, 해지에 대한 요구를 할 수 있습니다. 계약은 영구적인 것이 아닙니다. 당연히 처음에 합의한 조건과 내용이라 할지라도 아이와 부모 모두에게 계약을 변경하고 다시 협의하거나 해지를 요구할 권리가 있습니다.

아이가 처음에 합의한 조건이 너무 힘들다고 생각하고 있다면, 당연히 그 이유를 알아내고 함께 조정하여 용돈 훈련을 잘 수행할 수 있도록 도와야 합니다. 또한 계약의 내용을 살펴보고 새로운 계약조건을 제시하는 아이의 행동은 적극적인 문제해결력을 키워가는 모습이기도 합니다. 반갑게 받아들이고 정중하고 대등한 계약 상대로 대우하며 협상해야 할 것입니다.

아이의 변경, 갱신, 해지 요구를 부모의 권위에 대한 도전이나 버릇없음으로 오해하지 않아야 합니다. 아이가 조건을 바꾸고 싶어 한다는 것은 "저는 이 내용을 지키는 것이 힘들어요~!"라는 표시라고 생각해야 합니다. 계약이라는 형태가 아니어도 이미 우리는 훈련과정에서 아이의 조건과 상태에 맞게 용돈 훈련의 강도와 난이도를 조정해 왔습니다. 이 과정을 문서로 협의하여 정리하는 것뿐이니 다른 오해를 하지 않도록 조심해야 합니다.

문제가 발생한 뒤에 벌칙을 정하지 않기

가장 많이 하는 실수이자 반칙입니다. 아이가 문제 행동을 했을 때 갑작스럽게 용돈을 중단하는 것으로 벌칙을 정하는 것이죠.

"그렇게 버릇없이 행동하는 아이한테 엄마는 용돈을 줄 수 없어."

"힘들게 일한 아빠한테 그런 태도라니 정말 실망이야. 넌 아빠가 필요 없는 것 같으니 내가 용돈을 줄 필요도 없겠구나."

이런 식으로 이야기하면 절대 안 됩니다. 아무리 감정이 격해져도 설마 아이에게 이렇게까지 심하게 말하는 부모가 있냐고요? 실제로 많은 부모가 아이와 말다툼을 하거나 사춘기 아이와 대립하다 보면 이런 이야기를 많이 합니다. 이런 이야기를 들으면 아이들은 당연히 상처받고 공포를 느끼게 됩니다. 감정이 격해서 나도 모르게 한 말이라도 반드시 사과하고 그런 의미가 아니었으며, 사랑한다는 이야기를 해주셔야 합니다.

"너를 사랑하지 않는 게 아니야. 엄마도, 아빠도 너무 속상해서 그랬어. 하지만 잘못된 표현이었지. 정말 미안해~!"

부모의 실수나 잘못을 아이들이 모르지 않습니다. 다만, 아이들은 언제나 부모를 쉽게 용서하고, 늦게까지도 기다려주고 있다는 것을 기억하셨으면 합니다.

용돈 계약서, 어떤 내용을 담아야 할까요?

아이가 용돈 계약서를 작성하면서 배울 수 있는 것은 ① 약속은 지켜야 한다는 것 ② 모든 계약은(뒤따르는 책임이 있지만) 재협상이 가능하다는 것 ③ 쌍방 간에 합의하면 해지할 수도 있다는 것 ④ 약속된 계약 기간이 끝나면 종료된다는 것(기간의 정함이 없는 계약은 근로계약을 제외하면 무효이다) 등입니다. 상당히 중요한 내용들인데, 기본적인 용돈 계약서에 꼭 들어가야 할 조항은 다음 3가지입니다.

<용돈 계약서 필수조항 3가지>

1. **누구와 누가** : 계약의 당사자
2. **언제부터 언제까지** : 계약의 효력 기간
3. **얼마를 지급할 것인가** : (매월 작성하는 예산서에 기초한) 기본적인 용돈의 금액

이 세 가지를 필수조항으로 넣고, 아이의 특성과 상황에 맞게 부수적인 조항을 추가하면 됩니다. 처음 시작할 때는 계약조항이 많지 않은 것이 좋습니다. 우선은 용돈 훈련 중 빈번하게 일어날 사항에 대한 것만 협의해서 넣습니다. 추가 협의를 위한 조항은 '예기치 못한 상황이 발생하면 엄마와 재협의하여 결정한다'는 조항 같은 것을 넣어주는 것으로 충분합니다.

용돈 계약서 작성 예시

부모 ○○○과 ○○○은 자녀 ○○○에게 용돈을 지급함에 있어 상호 합의된 다음과 같은 조건으로 용돈 계약을 체결한다.

1. 용돈의 지급액수
기본 용돈(매월의 고정지출)(주당   원) + 기타 용돈(매월의 변동지출)

> 기본 용돈 : 간식비와 학용품비 등 매월 정기적으로 책정하는 지출 금액
> 기타 용돈 : 월별 예산을 작성하여 발생하는 변동지출(예를 들어, 생일이 많은 경우 등) 검토 후 기본 용돈으로 충당하기 어렵다고 인정되는 경우 상호 협의하여 추가 금액과 지급 방법을 결정하고, 협의된 금액을 기본 용돈과 함께 지급한다.

2. 용돈 지급일
기본 용돈과 이번 달의 추가 지출 예산을 상호 합의하여(매주 ○요일 혹은 매월 ○○일)에 지급한다.

3. 용돈의 사용방법과 기준
용돈 계약 체결 시 작성한 용돈 내역서를 기준으로 지출하되, 매월의 수입 및 지출 예산에 따른다.
기타 용돈과 부수적인 수입은 스무살 통장에 저축하고, 부득이한 경우 협의하여 사용방법을 경정하는 것으로 한다(세뱃돈, 친척들이 주는 돈 등 기본 용돈 이외의 특별 용돈도 포함한다).

4. 용돈 받는 자(자녀 ○○○)의 책임 : 월별 예산의 작성 및 결산
용돈을 받고, 사용함에 있어서 반드시 해당 월의 지출 및 수입 예산과 결산을 작성하는 것으로 한다. 또한 부모와 함께 예산과 결산을 검토하고 수정 또는 조정하는 일이 발생할 수 있다.

5. 용돈 주는 자(부모 ○○○과 ○○○)의 책임 : 정해진 지급 일자 준수 및 규칙 준수
용돈 지급일을 지키고, 용돈의 지급기준을 사전에 협의한 대로 준수하며, 자녀

○○○의 예산과 결산을 함께 검토하고 조정하되, 과도한 개입이나 요구를 절제한다.

6. 계약의 해지 및 특약사항
용돈 계약 중 상기 내용을 위반할 경우 상대는 계약을 해지하거나 위반에 따른 벌칙을 정할 수 있다. 이와 관련하여 벌칙과 기타 약속은 별도로 합의하여 작성, 기록한다.

> - 용돈 계약의 해지, 위반과 관련한 특약사항(사전협의를 통해 정한 규칙과 약속, 상호간의 벌칙조항 등을 넣는다. 반드시 부모와 자녀 모두에게 동등한 규칙과 벌칙조항이 들어가야 하며, 지나치게 주관적으로 평가·판단될 수 있는 내용은 넣지 않도록 한다. 예를 들어 '버릇없이 굴 경우'와 같은 것)
> 예) 월 1회 예산을 세운다: 자녀 ○○○은 용돈을 지급받는 대신 예산은 ○○○이가 자발적으로 작성하며, 정당한 사유 없이 예산 수립이 늦어 용돈 지급일이 늦어질 경우 음식물 쓰레기를 1회 버리는 집안일을 하기로 한다.
> 부모 ○○○과 ○○○은 자녀 ○○○에게 정해진 날짜에 용돈을 지급하되, 용돈 지급일을 사전 예고(2일 전) 없이 지키지 않는 경우, 문방구 쇼핑권(한도 5,000원 이내 자유 쇼핑)을 1회 지급한다.

7. 계약의 갱신 및 수정
본 계약의 기간은 1년으로 하며, 부모(○○○과 ○○○)와 자녀 ○○○은 상기 계약조건을 숙지하고, 상호 신의와 성실의 자세로 지켜나갈 것을 약속한다.

8. 이 계약서는 2부 작성하여 부모와 자녀가 각 1부씩 보관한다.

20 년 월 일

엄마 :   서명
자녀 :   서명

이 용돈 계약서는 말 그대로 샘플이어서 여러 가지 발생할 상황에 대한 내용이 한꺼번에 들어가 있어 조항이 많고 복잡합니다. 실제 아이와 처음 용돈 계약서를 작성할 때는 이 모든 조항이 다 들어갈 필요는 없습니다. 용돈 훈련과 용돈 계약을 진행하면서, 그때그때 발생하는 상황에 맞춰 아이와 협의가 필요한 내용을 참고하여 우리 아이만을 위한 용돈 계약서를 만들어 가면 된다고 생각합니다.

자, 이제 용돈 계약서 내용을 좀 더 자세히 살펴볼까요?

계약 당사자 확인_필수조항

> 부모 ○○○과 ○○○은 자녀 ○○○에게 용돈을 지급함에 있어 상호 합의된 다음과 같은 조건으로 용돈 계약을 체결한다.

계약서 맨 처음에 나오는 이 문장은 해당 계약의 당사자가 누구인지, 이 계약이 어떤 일에 대한 것인지 알려주는 것입니다. '고작 10세 아이와 이렇게까지 거창한 문서를 만들어야 할까?' 의구심이 생길 것입니다.

하지만 지금 아이에게 형식을 갖춘 계약에 대해 알려주는 첫 번째 시간이라는 것을 기억했으면 합니다. 성인이 되어 사회에서 맺게 될 실제 계약서는 훨씬 더 어렵고 거창한 단어들로 만들어져 있습니다. 계약 용어에 익숙해지는 것도 중요한 경제교육의 일부입니다.

다시 한번 말하지만 계약은 약속입니다. 언제든 약속을 깰 때는 항상 절차가 필요하고, 그에 상응하는 대가(상호간의 신뢰이든, 금전적 보상이든)

가 따릅니다. 이것을 용돈 계약을 작성하고 실행하는 과정에서 아이가 중요하게 배우고 경험해야 합니다.

1. 용돈의 지급액수_필수조항

기본 용돈(매월의 고정지출)(주당   원) + 기타 용돈(매월의 변동지출)

용돈 지급액수를 정하려면 기본적인 지출 항목과 기준금액을 정해야 합니다. 세부 지출 내역은 용돈 내역서로 만들어서 첨부하겠지만(월 예산과 연계되어 변동 가능함을 기억하세요) 특별한 추가 지출이 발생하지 않는 기본 용돈이 어느 정도인지 아이와 부모가 함께 알고 있어야 합니다.

기존의 용돈 예산을 참고해보면 주당 용돈 금액의 평균치를 정할 수 있습니다. 매주 고정으로 지출되는 항목과 월 단위 지출 금액을 4주로 나눈 금액을 합산한 금액이 일주일치 용돈이 될 것입니다. 아마도 대부분의 아이들은 ① 기본적인 간식비(주 2회 친구들과 사 먹는 비용) ② 학용품비(월정액) ③ 문화생활비(월 1~2회 친구들과 나들이 비용) 정도의 항목으로 용돈을 구성할 것입니다. ① ② ③의 항목을 검토하고 평균적인 지출비용을 정해서 합계를 계산해 보면 됩니다.

각 항목의 평균비용을 정할 때도 마찬가지이지만 특히 간식비를 정할 때 최소 금액은 떡볶이 1인분을 사 먹는 금액보다는 높아야 합니다. 제발 1학년은 1,000원, 2학년은 2,000원 하는 방식으로 결정하지 마세요.

가장 기본적인 지출, 간식비와 학용품비만을 생각하더라도 주당 최소

3,000~4,000원 정도(초등학교 저학년 기준)는 나옵니다. 한 달 금액이 너무 크다고요? 아이가 학교 앞 분식집에서 친구들과 컵 떡볶이를 사 먹는다고 생각해보세요. 컵 떡볶이 1인분이 1,000원이고, 음료나 슬러시가 500원이니 초등학교 1학년이라고 해도, 1주일에 한 번의 간식비가 최소한 1,500원은 필요합니다. 주당 2번이면? 당연히 3,000원입니다. 따라서 월 간식비는 3,000×4=12,000원은 되어야 합니다.

2. 용돈 지급일

용돈을 지급하는 일자를 고정하여 정합니다. 용돈의 지급 기간은 아이의 훈련정도에 따라 주 1회, 월 2회, 월 1회로 다양하게 정할 수 있습니다. 부모와 아이의 생활 패턴을 감안하여 지급 일자를 잊지 않고 정기적으로 지급할 수 있는(아이와 편안하게 대화할 수 있고, 약속을 잘 지킬 수 있는) 시간을 정하는 것이 좋습니다.

이 조항이 들어가 있는 계약서를 작성했다면 아이가 용돈 지급을 요청하지 않아도 부모가 제 날짜에 용돈을 주어야 합니다. 부모의 의무가 지급액과 지급 일자를 지키는 것이라면, 아이의 의무는 용돈 사용을 계획에 맞게 잘 실행하는 것입니다.

이를 통해 계약의 의미와 책임을 지는 모습을 배우게 될 것입니다. 부모가 용돈 지급 일자를 지키는 약속, 의무를 잘 이행했으니, 아이에게도 약속(용돈 사용을 예산대로 잘 수행할 것)을 지키도록 요구할 수 있게 됩니다.

용돈 지급 일자를 가능하면 여유 있는 날짜로 잡으라는 것은 용돈 지급일이 그냥 돈만 지급하는 시간이 아니기 때문입니다. 이 시간에는 당연히 용돈을 지급할 때 그 동안 어떻게 용돈을 썼는지 간단하게 점검해야 합니다. 또한 다른 변동사항은 없는지, 아이의 생활은 편안한지 등도 당연히 이야기해야 합니다.

3. 용돈의 사용방법과 기준

용돈의 금액은 용돈 계약서에 의해 결정되는 것이 아니라 매월의 예산에 따라 확정되는 것임을 확인하는 것입니다. 또한 아르바이트나 기타 수입에 따라 발생하는 수입 및 지출 계획의 변동을 어떻게 처리할 것인지 사전에 결정하는 것입니다. 아르바이트나 기타 수입이 발생했을 때 ① 그때 그때 협의하는 방법(아이의 요구를 들어보고 수용 여부를 결정하는 방법)도 있고, ② 일정 비율로 저축과 즉시 사용을 정해두는 방법 ③ 모두 저축하는 방법을 합의하여 고를 수 있습니다. 다만 아주 큰 금액이 아니라면 아이에게 재량권을 넘겨주는 것을 권합니다.

이 외에도 세뱃돈, 친척들이 주는 돈 등 그동안 특별한 규칙을 정하지 않고 모아둔 특별 용돈의 처리 방법에 대해서도 사전 합의가 필요합니다. 기존에 보유하고 있던 아이의 명절 선물금도 마찬가지입니다. 사전에 아이에게 통지한 규칙이 있는 경우, 기존의 결정방식을 그대로 진행해도 되고, 상황변화가 있다면 그에 맞게 변경해도 됩니다. 예를 들어 ① '스무살 통장' 하나에 모아두는 방법 ② 즉시 사용하는 것과 저축하는 것으로 비율로 나누는 방법 ③ 몇 가지 저축 목표를 가진 '스무살 통장 1.2.3'을 만드는 방법 등이 있습니다.

4. 용돈 받는 자(자녀 ㅇㅇㅇ)의 책임 : 월별 예산의 작성 및 결산

용돈은 훈련의 도구입니다. 이 도구를 지급하는 조건이 예산서와 결산서를 작성하는 것이라고 생각하면 됩니다. 정해진 날짜에 부모는 반드시 용돈을 지급하지만 아이가 예산서를 작성해 오지 않는다면 지급할 용돈 금액이 결정되지 않는 상황이 발생합니다. 이 경우 아이가 용돈 지급을 위한 조건을 실행하지 않아 용돈 지급이 제대로 진행되지 않는 것임을 알려줘야 합니다. 물론 이로 인한 피해 역시 아이가 져야 할 책임이 되는 것입니다.

미리 작성하지 않은 경우 너무 큰 책임을 묻기보다는 바로 작성해서 올 수 있도록 알려주고 기다려주기를 권합니다. 사실 기본적인 용돈 내역서가 있기 때문에 세부 예산서의 작성은 큰 시간과 노력이 필요한 것은 아닙니다.

5. 용돈 주는 자(부모 ㅇㅇㅇ과 ㅇㅇㅇ)의 책임 : 정해진 지급 일자 준수 및 규칙 준수

별도의 추가 설명을 할 필요는 없겠죠? 가장 중요한 부모의 의무이니 잘 지켜주시기를 부탁드립니다. 만약 필요하다면 지키지 못한 경우에 대한 구체적인 책임과 벌칙조항을 만들어서 넣는 것도 좋습니다.

6. 계약의 해지 및 특약사항

용돈 계약 중 상기 내용을 위반할 경우 상대는 계약을 해지하거나 위반에 따른 벌칙을 정할 수 있습니다. 이와 관련하여 벌칙과 기타 약속은 별도로 합의하여 '특약사항'으로 작성·기록합니다. 예를 들면 다음과 같이 특약사항을 넣을 수 있습니다.

> - **월 1회 예산을 세운다** : 용돈을 지급받는 대신 예산은 ○○○이가 자발적으로 작성하며, 정당한 사유 없이 예산 수립이 늦어 용돈 지급일이 늦어질 경우 음식물 쓰레기를 1회 버리는 집안일을 하기로 한다.
>
> - 부모 ○○○과 ○○○은 자녀 ○○○에게 정해진 날짜에 용돈을 지급하되, 용돈 지급일을 사전 예고(2일 전) 없이 지키지 않는 경우, 문방구 쇼핑권(한도 5,000원 이내 자유 쇼핑)을 1회 지급한다.

특약은 다양한 문제에 대해 작성할 수 있습니다. 중요한 것은 계약서를 완성하기 전에 아이와 협의하는 과정이 필요하다는 것입니다. 그리고 반드시 양자 모두에게 공정하고 균등한 의무와 권리가 부과되도록 노력해야 합니다.

7. 계약의 갱신 및 수정_필수조항

언제부터 언제까지 계약이 유효한지는 계약서에 꼭 들어가야 할 사항입니다. 계약서는 언제든 전체 및 일부 모두에 대해 변경 및 수정이 가능하지만, 반드시 상호 협의와 합의에 의해 작성되고 수정될 수 있다는 것을 알려주어야 합니다. 그래서 7번 조항이 들어가 있는 것입니다. 자신에게 유리한 계약조건을 위해 갱신과 수정을 요구하는 것은 스스로를 지키는 합리적인 행동입니다. 그래서 아이의 갱신 요구를 버릇없다는 식의 감성으로 대하면 안 됩니다.

8. 이 계약서는 2부 작성하여 부모와 자녀가 각 1부씩 보관한다

계약의 내용을 쌍방이 각자 확인 가능해야 하며, 계약서는 항상 각자 보관한다는 것을 알게 될 것입니다.

본격적인 용돈 훈련을 시작해요

용돈 훈련은 이미 8세부터 시작했습니다. 8세 때도 부모가 주도적으로 도와주기는 했지만 용돈 예산서를 작성해보았습니다. 이제 10세가 되면 약 2년 동안 했던 연습을 바탕으로 본격적으로 용돈 훈련을 할 준비가 되었을 겁니다.

용돈 훈련은 지출할 항목을 살펴보고 수입과 지출을 정리한 용돈 예산서를 만들고, 제대로 계획한 대로 용돈을 지출했는지를 점검하는 결산까지 모두 포함됩니다. 이 과정은 용돈 계약서에 고스란히 반영됩니다.

용돈 훈련의 각 과정을 설명하면 다음과 같습니다.

1. 아이에게 필요한 지출 항목 선정하기

아이와 관련된 지출 항목을 나열하고 이 중 아이가 직접 지출을 결정하고 관리할 항목을 선정합니다. 부모와 협의하여 용돈 훈련의 정도와 아이의 성향에 맞추어 용돈 내역에 포함할 지출 항목을 결정합니다.

이 단계에서 지켜야 할 원칙은 용돈의 사용처를 정하는 항목을 결정할 때 반드시 아이와 관련된 '필수 지출'이 포함되어야 한다는 것입니다.

용돈의 사용처가 간식, 장난감 구입과 같은 '욕구 지출'로만 구성된 경우, 제대로 사용하지 못하는 상황이 발생해도 아이가 책임질 문제는 발생하지 않을 수 있습니다. 예를 들면, 간식이나 장난감은 계획대로 지출하지 않아도 아이 입장에서는 갖지 못한 아쉬움만 생길 뿐입니다.

하지만 친구의 생일선물 비용이나 학용품비는 다릅니다. 이런 항목을 제대로 지출하지 않으면 친구관계에 문제가 생기거나 학교에서 해당 활동에 제대로 참여할 수 없는 문제가 생기는 것이죠. 이런 지출이 있어야 계획대로 사용하지 않은 돈쓰기에 대한 책임이 발생하는 것입니다. 때문에 '욕구 지출+필수 지출'이 함께 포함되어 있어야 합니다.

2. 아이에게 필요한 지출 항목별 금액 결정하기

선정된 지출 항목에 필요한 각각의 금액을 결정하고, 지출과 관련되어 사전에 합의할 규칙 등에 대해 아이와 협의하여 결정합니다. 예를 들어 간식비의 경우 1회 간식비의 지출 규모와 주간 간식 횟수 등을 정하는 것입니다.

3. 용돈 규칙 정하기

해당 용돈의 지급시기를 월간으로 할 것인지, 주간으로 할 것인지 등의 지급 규칙을 정합니다. 아이가 용돈을 지급받는 대신에 지켜야 할 규칙과 용돈 훈련을 위한 약속을 잘 지키지 못했을 경우 아이가 지켜야 할 수칙(아이가 감수해야 할 경제적 불이익 등)에 대해 미리 정해 놓습니다.

4. 월간 수입과 지출 예산 수립하기

다가올 다음 달에 대해 부모의 용돈을 포함한 다양한 형태의 수입과 지출 항목과 금액을 예상하여 예산안을 작성합니다. 경제교육의 중요한 목적은 예산의 개념을 아이가 알게 하는 것입니다. 이것은 가진 것의 한도 내에서 소비를 조절하는 것, 미래를 예측하고 대비하는 것에 대한 교육이기도 합니다.

2월 예산 작성일자 : 1월 20일						
수입 예산			지출 예산			
날짜	내역	금액	날짜	내역	금액	기억할 사항
2월	용돈	42,000원	2월	간식 2,000원 주 2회	16,000원	친구들이랑 사 먹는 간식만!
	할머니 선물	10,000원	2월	학용품	3,000원	5,000원 넘는 건 엄마랑 얘기!
	이모 선물	10,000원	2월	생일선물	8,000원	생일이 많은 달은 엄마랑 얘기!
			16일	나들이(방방, 인생 네 컷)	10,000원	한 달에 한번
			2월 20일	저축	5,000원	캐릭터 장난감 구입(8개월간)
할머니랑 이모 선물은 스무살 통장으로~!			스무살 통장에 저축		20,000원	수입과 지출 합계에 포함하지 않습니다.
합계		42,000원	합계		42,000원	

5. 결산을 통한 점검하기

매번 용돈을 지급할 때 지출 상황을 점검합니다. 계획했던 지출과 수입이 제대로 진행되었는지, 남아있는 지출을 할 수 있는지 확인하는 정도면 충분합니다. 이때 아이의 지출 내역을 하나하나 살피거나 잔소리를 하면 절대 안 됩니다. 전체적인 수입과 지출 상황을 보고 아이의 지갑에 남아있는 돈과 합산 내역이 일치하는지 정도만 확인하면 됩니다. 지출 기록이 있다면 참고하고, 없다면 함께 기억을 되살려 간단히 메모하여 합산해 보도록 합니다.

처음에는 물론이고 상당기간 결산작업을 했는데도 합산하여 나온 금액과 아이가 실제 가지고 있는 돈이 일치하지 않을 수도 있을 것입니다. 이때 아이를 질책하지 말고, 누락된 내용이 없는지 기억을 되살려주고, 수정하는 방법을 알려주는 것이 좋습니다. 단순히 잊어버리거나 금액을 잘못 기입한 경우도 있지만 때로는 아이가 지출 내역을 부모에게 알리기가 불편해 누락했을 수도 있으니까요.

이런 경우 부모가 질책하고 추궁하는 모습을 먼저 보이면, 아이는 자신의 잘못을 숨기는 데만 급급해지고, 용돈 관리를 위한 학습, 부모와의 소탈한 대화, 잘못을 인정하고 수정하는 방법 등에 대해서는 배울 수 없게 됩니다. 때문에 아주 심각한 잘못이 아니라면 가볍게 넘어가면서, 거짓말보다는 솔직하게 털어놓는 것이 문제를 해결하는 더 좋은 방법이라는 것을 알려줄 필요가 있습니다. 만약 용돈이 문제가 아니라 다른 심각한 잘못을 한 것이라면 잘못한 일 자체에 대해 인정하고 책임지는 과정이 필요합니다.

이처럼 매번 용돈을 주면서 수입과 지출 내역을 확인하는 과정은 아이에게 자신이 부모로부터 용돈을 받고 있으며, 부모가 용돈 사용내역과 돈 관리 상황에 대해 관심을 기울이고 있다는 확신을 주는 정도의 작업입니다. 3개월, 6개월 정도의 기간마다 용돈 항목과 금액 등에 불만은 없는지 등을 점검하고 함께 이야기 나누면서 용돈 항목과 금액, 용돈 계약의 규칙을 조정하는 것도 필요한 과정입니다.

아이의 권한을 침해하지 말아야 하지만 책임을 꼭 지게 하는 것도 중요합니다. 용돈을 주는 것은 권한의 부여이므로 그에 상응하는 책임(의무)도 잊지 말고 부여해야 합니다.

아이의 '시행착오' 과정에서 부모는 조언자로서의 입장을 견지해야 합니다. 또한 이 조언은 부모의 입장에서가 아닌, 교육자로서의 입장에서 해야 합니다. 이것은 객관성과 거리를 유지하여 아이에게 실망하거나 강요하는 모습을 보여서는 안 된다는 의미입니다.

용돈 교육의 핵심은 '시행착오'입니다. 아이들이 무수한 시행착오를 거치면서 배우게 될 문제를 해결하는 방법에 대한 연습과 고민이 아이들의 삶에서 경제적 위험을 피하고 대비하는 학습임을 잊어서는 안 됩니다.

용돈 계약 FAQ

 **계약서라고 하니까 너무 거창하고 어렵게 느껴집니다. 꼭 작성해야 할까요?**

용돈 훈련을 시작하는 많은 분들이 이 책에 나와 있는 모든 과정을 반드시 그대로 해야 하는지 궁금하실 겁니다. 제 대답은 '아니요'입니다. 여러

차례 말씀드렸듯이 아이의 상태와 연령, 부모와의 관계나 성향에 따라 굉장히 많은 유연성과 조정을 필요로 하는 것이 경제교육, 용돈 훈련입니다. 그래서 어떤 아이는 단발성의 나들이 예산을 세우는 것으로 시작하는 경우도 있고, 어떤 아이는 5세부터 차근차근 시작하는 경우도 있고, 또 다른 아이는 한 달 치 용돈을 매일매일 나누어 받는 단계부터 시작할 수도 있는 것입니다. 단 어떤 경우에도 꼭 해야 하는 것이 있습니다. 바로 '예산서 작성하기'입니다.

그런 기준에서 말한다면 '용돈 계약서'도 작성하지 않아도 됩니다. 하지만 단지 어려워 보인다는 이유로 이 훈련 단계를 넘어가고자 한다면, 분명 아이가 배울 수 있는 지식과 경험도 그만큼 부족하게 될 것입니다.

용돈 계약서는 기본적인 계약서의 내용과 작성 방법을 알게 하고, 돈에 관한 약속을 할 때 어떤 것들을 고민하고 협의해야 하는지, 권리와 책임이 어떻게 상응하는 것인지, 부모와 아이라고 해도 계약의 당사자가 되면 대등하게 대화하고 합의에 의해 계약이 성립된다는 것을 배우는 기회입니다. 또한 계약의 조건을 자신에게 유리하게 만들기 위한 협상의 기술과 경험을 쌓는 데도 도움이 됩니다.

용돈 계약서는 간단하게 작성해도 좋습니다. 앞에서도 이야기했듯이 ① 계약 당사자 ② 계약의 효력 기간 ③ 기본 용돈의 금액 3가지만 들어간 형태부터 시작해도 됩니다. 너무 어렵게 생각하지 말고 시작하시길 부탁드립니다.

아이가 계약서의 내용을 자꾸 바꾸려고 합니다. 어떻게 해야 하나요?

우선 아이가 막무가내로 행동하지 않고, 협상을 통해 계약의 조건을 변경하려고 하는 시도는 아주 좋은 현상입니다(부모에겐 매번 얼마나 어렵고 힘든 과정인지 깊이 알고 있습니다). 떼를 쓰거나 규칙을 무시하는 행동을 할 수도 있는데, 조건을 바꿔서 자신이 지킬 수 있는 형태를 만들고자 하는 협상의지를 가지고 있다는 것으로 이해해 주어야합니다(항상 기특하다고 해 주는 것도 원활한 협상을 위해 좋은 방법입니다).

그럼에도 너무 변경 요구가 잦다면(주로 불리한 상황이 발생하면 이런 요구가 있을 것입니다), 이미 발생한 사건은 기존의 계약조건대로 적용받아야 한다는 것을 알려주는 것이 필요합니다(계약자 모두 소급해 적용받을 수는 없습니다). 이 경험을 통해 아이가 조건을 협상할 때 신중해야 한다는 것을 배우게 될 것입니다.

또한 계약서에 명시되어 있듯이 모든 계약 당사자는 계약의 조건을 변경하거나 추가·삭제를 요구할 수 있습니다. 하지만 계약의 내용이 변경, 추가·삭제되어 확정되려면 계약 당사자 모두의 동의가 있어야 하죠. 아이에게 이 부분을 정확히 알려주는 과정이 필요합니다. 그래서 부모에게 협상에 응하지만 합의는 거절할 수 있는 권한이 있다는 것을 알려주는 것입니다.

아무리 협상을 요청해도 상대가 받아들일 수 없는 조건이 있다는 것도 배우게 될 것입니다. 부모가 동의할 수 없는 협상조건을 바꾸려면 용돈 계약서의 종료기한까지는 지켜야 한다는 것을 말해주어도 됩니다. 크게 권하지는 않지만, 부정기적인 협상 요구가 힘들다면 정기적인 재협상 시기를 정해두는 방법도 있습니다.

Q **'버릇없는 행동을 하면 용돈을 깎기'로 했는데 아이는 버릇없이 행동한 게 아니라고 합니다. 어떻게 해야 하나요?**

상황에 따라 사람에 따라 전혀 다르게 해석될 수 있는 조항은 계약서에 담을 수 없습니다. '버릇없는 행동'처럼 구체적으로 어떤 행동을 의미하는지 아주 자세하게 설명한 것이 아니라면(문서로서) 서로 판단이 달라 문제가 발생할 수 있습니다. 아이 입장에서는 단지 질문을 했거나 부당함에 대해 항변한 것인데 부모가 버릇없는 행동이라고 한다고 생각할 수 있는 것이죠.

양자가 모두 완벽하게 동의할 수 없는 상황에 대해 벌칙을 집행하면 오히려 반발심만 키우게 될 수 있습니다. 그래서 명확하게 구분하기 어려운 행동, 예의나 습관 교정과 같은 문제를 용돈과 연결하지 말라는 주의를 드린 것입니다.

용돈을 벌칙으로 사용하면 참 편합니다. 부모 입장에서는 큰 충돌 없이 눈에 보이는 벌칙의 효과가 명확하고 아이에게 큰 영향력을 쉽게 발휘할 수 있게 해주는 도구이기 때문입니다.

하지만 그만큼 반발심도 크게 발생할 수 있습니다. 저학년의 아이들은 조금 덜 할 수 있지만, 사춘기 자녀에게 이런 방법으로 통제하는 것은 위험한 반항심을 부채질하게 될 수도 있으니 가능하면 이런 조항은 삭제하시기 바랍니다. 예절을 돈으로 배우게 한다면, 자칫 돈이 없으면 예절을 지키지 않아도 된다는 메시지를 주게 될 수도 있습니다.

그럼에도 용돈과 연결하여 반드시 해결하고 싶은 행동 문제가 있다면 다음과 같이 아주 구체적인 상황과 예시를 적어서 적용해야 합니다.

① '집안일 약속(주 1회 분리수거 함께하기)'을 특별한 이유(사전에 엄마와 협의했거나 엄마가 동의할 수 있는 부득이한 경우) 없이 안하면 용돈을 2,500원(감액되는 금액을 구체적인 액수로 작성하기) 감액한다.

② 엄마, 아빠에게 아침 인사를 예쁘게(바른 자세와 큰소리로 밝게 인사하기) 일주일간 빼먹지 않고 하면 특별 용돈을 1,000원 지급한다.

③ 버릇없는 행동(스스로 잘못한 것을 알고 있으면서 사과하지 않는 경우)을 하는 경우, 엄마 아빠의 경고를 3회(지금 하는 행동은 버릇없는 행동이야)까지 받고도 사과하고 반성(잘못했어요. 다음부터 그러지 않겠습니다)하는 모습을 보이지 않으면 즉시 용돈을 10,000원(감액되는 금액을 구체적인 액수로 작성하기) 깎는다(남은 용돈이 없을 경우 세뱃돈 통장에서 인출하여 엄마에게 지급한다).

4장

돈의 주도권을 넘겨주고 가정경제를 알려주어요

초등학교 고학년(11~13세)

> 11~13세

초등학교 고학년 아이들의 소비특징이 있어요

개인마다 편차가 있겠지만 이제 아이의 사춘기를 대비해야 할 때입니다. 감정 기복이 크고, 권한은 크게 가지고 싶어 하지만 책임지는 방법에 대해서는 서툰 시기가 시작됩니다. 그럼에도 아이들이 가장 많이 성장하는 시기가 사춘기이고, 고지식할 정도의 도덕 기준이 발휘되는 때이기도 합니다. 그런 면에서 돈과 관련된 기준을 세우고 연습하는 최적의 시기라고도 할 수 있습니다.

이제부터 부모는 아이에게 용돈 협상의 주도권을 넘겨주기 위한 본격적인 노력과 활동을 시작해야 합니다. 주도권을 넘겨준다는 것은 신뢰와 지지를 보낸다는 것입니다. 아이는 부모가 보내는 신뢰와 지지를 배반하지 않습니다.

사춘기를 대비할 필요가 있어요

11세는 초등학교 고학년이 시작되는 나이입니다. 아직 어린 나이라고 생각할 수 있지만 실제로 이때부터 많은 부모가 걱정하는 아이의 사춘기가 시작된다고 보아야 합니다. 아이마다 편차는 다양하지만 초등학교 고학년이 되면서부터 아이들은 이전 시기까지 유지했던 부모와의 관계에 많은 불만을 표시하고 변화를 요구하기 시작합니다.

용돈 교육을 하고 있는지의 여부와 상관없이 11세 이전에는 아이들이 자신의 소비요구에 대해서 부모가 들어주지 않아도 큰 불만을 표시하는 일이 별로 없습니다. 부모가 차근히 설명하며 거절하거나 간단히 "안 돼"라고 말해도 마찬가지입니다.

소비활동을 부모가 주도하는 것에도 순순히 호응했을 겁니다. 엄마가 대신 물건을 골라주거나 옷을 사줘도 괜찮았습니다.

하지만 초등학교 고학년이 되면 슬슬 불만을 드러내기 시작합니다. 물건을 사는 데 자기만의 취향이 생긴 것일 수도 있고, 사춘기가 시작되면서 감정의 기복이 생긴 것일 수도 있습니다.

착하고 순했던 아이가 달라지면 부모는 당황하기 마련이지만 성장과정에서 나타날 수 있는 정상적인 모습입니다. 이런 모습을 잘 이해해야 용돈 훈련을 효과적으로 진행할 수 있습니다.

소비의 동조현상이 일어나는 시기에요

초등학교 고학년인 예은이 엄마는 요즘 아이 때문에 고민이 많습니다. 얼마 전 핸드폰을 사주려고 매장에 들렀는데, 가성비 좋은 브랜드들을 다 뒤로 하고, 비싼 신제품을 사달라고 졸라 깜짝 놀랐습니다. 왜 꼭 그 제품이어야 하냐고 물으니 대답이 어이가 없습니다.

"친구들 사이에서 유행이에요 이 브랜드 아니면 안 돼요"

부모로선 당황스러울 수 있는 대답이지만 청소년기 아이들에게 흔하게 나타나는 모습입니다. 청소년기는 또래집단에 대한 소속감과 일체감을 가장 중요하게 여기는 시기입니다. 친구들과 똑같은 브랜드, 유행하는 브랜드를 고집하는 것도 이 때문입니다. 또래집단과의 동질성을 획득하는 방법으로 소비의 동조현상을 보이게 되는 것이죠. 소비의 동조현상이란 또래집단의 선택에 영향을 받는 소비현상을 의미합니다.

왜 이 시기 아이들이 소비의 동조현상을 보이는 것일까요? 청소년기 아이들은 또래집단에의 소속감, 일체감을 느끼고 싶어 하지만 아직 사회적 관계나 문제해결능력은 부족한 경우가 많습니다. 때문에 이 시기의 아이들은 외로움, 박탈감, 또래집단에서 소외된 느낌, 친구관계가 악화된 것 등의 해결책을 다른 아이들과 외형을 비슷하게 하는 것에서 쉽게 찾으려 하는 경향이 있습니다. 다시 말하면 슬픔, 상실감, 외로움, 공허, 상실 등의 감정문제를 해결하는 방법으로 소비를 선택하는 경향이 높다는 것입니다. 청소년기의 아이들은 물건이 자신을 바꾸어 줄 것이라 기대하는 경향이 크고, 현실적인 자신의 모습과 이상적인 자신의 차이를 소비로 메우려는 욕구가 강합니다.

그러나 이런 방식의 해결은 실제 손상된 자아와 감정문제를 해결해주는 것이 아니기 때문에 마치 약물중독이나 게임중독처럼 점점 더 강한 소비욕구를 채우는 방향으로 악화되는 현상을 보입니다. 이로 인해 청소년기 아이들이 과소비나 소비중독 등 소비의 악순환에 빠지는 비율 역시 높은 편입니다. 또한 아이의 브랜드 소비, 동조소비 등으로 가정 내에서 갈등이 생기기도 합니다.

청소년기에 접어들면서 아이들이 크게 변하기 시작하기 때문에 경제교육 또한 양적·질적으로 많은 변화가 필요해지는 시기입니다. 이전 시기까지 아이의 소비활동과 가벼운 용돈 사용에 대한 대화, 실습 등이 잘 이루어져 온 가정이라면 기존의 경제교육을 지속하는 것과 동시에 부모가 먼저 아이들의 성장을 인정해주고 소비의 주도권을 넘겨주기 위한 훈련을 선제적으로 시작할 필요가 있습니다.

취미생활에 지출하는 금액의 크기를 문제삼을 수 있지만 취미 자체에 대한 비난은 하지 말았으면 합니다.

예를 들면, 좋아하는 아이돌이 생겼을 때 같은 상황입니다. 아이가 좋아하는 아이돌의 콘서트를 가려고 준비하거나 앨범 굿즈를 사들이는 경우를 생각해 보세요. 하루 종일 해당 아이돌이 나오는 영상을 보고 있는 것으로는 부족해서, 온 방안에 포스터(분명 부모가 보기엔 다 똑같은 얼굴이죠. 아이는 각도만 달라져도 다른 얼굴이라고 합니다)와 같은 앨범, 포토카드가 몇개씩 있을 겁니다(이것 역시 부모에게는 같은 앨범, 굿즈이지만 아이는 제작

버전이 다르고, 사은품이 다르고, 관련 이벤트(순위 경쟁 등)가 달라 다 다른 굿즈라고 할 거예요).

이렇게 지출되는 금액이 부모가 보기에 과다하다고 여겨진다면 해당 항목에 대한 지출 금액을 협의하여 한도액을 정할 필요가 있습니다. 하지만 해당 아이돌에 대한 덕질 자체를 비난하고 공격한다면 지출 문제는 해결되지 못할 뿐 아니라 아이와의 관계마저 손상될 수 있다는 것을 기억해야 합니다(게다가 이 덕질에는 좋아하는 아이돌에 대한 마음뿐 아니라 함께 응원하는 친구들과의 관계 역시 포함되어 있을 것입니다).

> 11세

아이가 용돈 협상을 제안하게 해 주세요

용돈 훈련은 협상 연습입니다. 앞선 단계에서 '용돈 내역 정하기', '예산서 작성하기', '용돈 계약서 작성하기'의 과정은 모두 아이와 부모가 함께하는 협상 연습입니다. 아이의 성향과 수준을 배려하면서 차근차근 규모와 형태, 생각의 범위를 키워가면서 협상의 기술과 조건, 규칙을 알려주는 과정을 거쳐 온 것입니다.

이제 그동안 조금씩 훈련한 '협상하기'를 아이가 주도적으로 실행하는 과정으로 진입할 시간이 되었습니다. 아직 아이가 어리다고 생각할 수 있지만 이 시기 아이들은 소비를 주도하고 싶어 하기 때문에 아이가 말하기 전에 부모가 먼저 주도권을 넘겨주는 것이 좋습니다.

소비와 협상의 주도권을 갖고 싶어 하는 나이예요

구매와 지출 계획에 대한 연습을 꾸준히 해온 아이라면 매달 예산을 세우고 집행하는 과정에 많은 변수가 생길 수 있다는 것을 경험했을 거예요. 매달 조금씩 돈을 모아서 조금 큰 규모의 지출을 하는 것도 저축 훈련을 통해 할 수 있게 되었을 겁니다.

이런 경험이 쌓이면 아이는 돈을 관리하는 데 어느 정도 자신감을 갖게 됩니다. 물론 부모도 아이에 대한 신뢰감이 커지고 있지만, 아이가 느끼는 것보다는 낮을 수 있습니다. 왜냐하면 돈에 관해서는 부모가 아이들보다 보수적으로 접근하는 경향이 있기 때문입니다.

용돈 훈련을 받지 않은 아이들도 11세가 되면 소비와 협상의 주도권을 가지고 싶어 합니다. 용돈 훈련을 통해 자신감을 갖게 된 아이들은 말할 것도 없겠죠? 아이는 소비 영역의 확대, 소비금액의 상승 뿐 아니라 소비 활동의 주도권을 자신이 갖겠다고 강력하게 요구하기 시작합니다.

11세 정도가 되면 아이는 이제 부모와 매일매일 다양한 문제로 부딪치고 타협하고, 때로 승리하거나 패배하는 경험을 합니다. 특히 용돈 훈련을 해온 아이들은 자신의 성장을 느끼면서 기존의 합의를 보다 유리한(?) 방향으로 새롭게 만들기를 시도하기도 합니다. 다시 말하면, 부모를 새롭게 끊임없이 시험해 보는 시기에 돌입하는 것이죠.

기꺼이 아이의 협상 상대가 되어주세요

'이 일은 안 되는 일인가? 여기서 멈춰야 하나? 기다려야 하는 건가? 엄마가 저번에는 똑같은 일에 대해서 안 된다고 반응했었는데, 이번에도 같은가? 지난번엔 안 된다고 했지만 이번에 한 번 더 시도하면 달라지지 않을까?'

아이는 다양한 경우를 수를 생각하고 시도하게 됩니다. 이것은 아이가 성장했기 때문에 할 수 있는 자연스러운 협상 연습입니다. 아이는 부모를 상대로 사회에 나가기 위한 기술, 관계 맺기를 배우고, 협상의 기술을 습득하고 있는 것입니다. 가장 안전하고 친밀하며 믿을 수 있는 어른은 당연히 부모입니다. 그러니, 너무 힘들어하거나 억울해하지 말고, 기꺼이 아이의 협상 연습 상대가 되어주세요.

아이가 나를 약 올리고 있거나 무시하고 있다고 오해하지 마세요. '내가 지금 아이를 위해 협상 연습 상대가 되어주고 있다' 혹은 '내가 우리아이를 조금 더 고난도의 협상을 할 수 있는 사람으로 훈련시키기 위해 이렇게 힘든 노력을 하고 있다'고 생각하시기 바랍니다. 아마도 이렇게 생각하는 것만으로도 무수한 아이의 협상 시도를 시비 걸기로 느끼는 횟수가 현저히 줄어들 것입니다.

아이를 인정하는 대화가 필요해요

이제 초등학교 고학년이 된 아이를 인정해주는 대화도 필요합니다. 그동안 진행했던 용돈 훈련의 과정과 성과를 설명하고, 부모의 예상보다 잘 수행하고 성취했다는 것을 알려주어야 합니다. 실제로 11세에 예산과 결산을 하고, 저축 계획을 세워서 실천하는 것은 대단한 일입니다. 대부분의 아이들은 이런 경험을 하지 못하니까요.

아이를 인정하는 대화를 통해 좋은 관계를 만들고, 일상적인 대화를 편안하게 나누어야 합니다. 그래야 서로 의견이 다른 문제를 풀어나갈 때 '지금 이 과정은 엄마와 대결구도가 아니라 합의점을 찾는 중이야' 하고 생각하게 됩니다. 이렇게 인식한다면 설사 협상 과정에서 감정이 격해져도 쉽게 타협점을 찾을 수 있습니다.

만약 부모와의 관계가 좋지 않으면 문제가 생겼을 때 아이는 '엄마와 대결하는 중이야', 즉 협상을 대화가 아니라 승패로 인식하게 됩니다. 그러면 싸움을 하게 되죠. 그리고 어떻게든 이겨야 하는 일이 됩니다. 아이와의 대화가 이런 양상으로 흐르고 있다면, 용돈 협상, 용돈 훈련을 할 필요가 없습니다. 오히려 중단하는 것이 좋습니다.

먼저 주도권을 넘겨주는 것이 좋아요

이미 또래문화가 시작된 아이는 용돈 훈련의 여부와 상관없이 소비활동의 주도권을 가지고 싶어 하고, 조금 더 빠른 친구들은 또래의 소비활동을 시작하려고 합니다. 이제 소비의 주 무대였던 문방구에서 벗어나 '친구들끼리 시내 놀러가기'가 시작되는 것입니다. 이때부터 아이들에게 '또래끼리의 진짜 사생활'이라고 부를만한 상황이 생겨납니다. 소비활동의 범위가 학교 주변을 넘어서게 되는 것이죠.

이렇게 급격히 확장된 아이들의 소비활동에 대한 주도권 요구가 나오기 전에 먼저 협상의 주도권을 가져가라는 제안을 할 것을 권합니다. 왜냐하면 아이에게서 '엄마 이제 저도 소비의 주도권을 가져오고 싶어요'라는 제안이 나올 때면 아이가 많이 참고 기다린 상태일 가능성이 높기 때문입니다.

우리가 친구를 만날 때를 떠올려 보세요. 시간에 맞게 약속장소에 도착했는데, 정한 시간이 되어도 상대가 나타나지 않습니다. 처음 5분에서 10분은 '그저 좀 늦나보네' 하면서 기다립니다. 그러다가 40분 만에 상대가 도착합니다. 연락도 안 돼 많이 걱정하며 기다렸는데 얼굴 보니 멀쩡합니다. 그런 모습을 보면 화가 납니다. 그런데 상대는 어떤가요? "조금 늦은 건 미안한데, 사정이 있었고 그렇게 까지 화낼 필요는 없잖아?" 하면서 이해를 못합니다.

소비의 주도권에 대한 아이의 요구를 받아들일 때 이와 비슷한 오해가 발생할 수 있습니다. 부모는 몰랐지만 아이는 소비의 주도권을 허락받기 위해 참고, 준비하고 기다리고 있었습니다. 아이 입장에서는 "엄마, 나 친구들이랑 봄옷 사는 거 ○○가서 같이 쇼핑하기로 했어요. 내가 잘 사올 테니까 돈 주세요"라는 한마디를 하기 위해 아마도 많은 사전 준비를 했을 것입니다.

예를 들어 인사 잘하기, 아침에 짜증 안 내고 일어나기, 엄마 눈치 보면서 기분 맞춰주기, 용돈 훈련 열심히 하기, 심부름 잘하기 등 엄마에게 잘 보이기 위한 노력을 했을 거예요. 엄마에게 아이의 노력이 전달되었는지는 중요하지 않을 수 있습니다. 아이 입장에서는 많은 시간과 노력을 들여서 엄마에게 인정받을 준비를 하고 이야기를 한 것이 분명하니까요.

그런데 엄마의 반응이 영 시원치 않으면 아이는 마음이 먼저 상합니다. 반대로 엄마 입장에서는 '아이가 이제 철이 좀 들었나 보다' 하면서 좋아하는 정도였는데, 갑자기 '친구들이랑 쇼핑 갈래요. 돈 주세요'하는데 금액도 큰 겁니다. 덜컥 놀라면서 걱정되는 상황이죠. 엄마가 이렇게 놀라서 잠깐 망설이는 사이에 아이는 그동안의 노력과 기다림이 물거품이 되었다고 느끼고 실망하고 서운해하는 상황이 생길 수 있습니다. 잘못한 사람은 아무도 없지만 상처받는 상황은 생겨나는 것이죠.

이런 오해가 많아지면 관계도 틀어지게 됩니다. 10대 자녀들과의 갈등은 대부분 이런 생각의 차이와 상황의 오해로 인한 것들이 많습니다. 이런 갈등이 쌓이지 않게 하는 제일 좋은 방법이 부모가 먼저 나서는 것입니다. 이것이 먼저 주도권 넘겨주기입니다.

이미 다년간의 용돈 훈련을 통해 계약과 예산, 지출, 저축까지 익숙해진 아이는 초등학교 고학년이 되면서 자신감이 넘치게 됩니다. 그래서 아이에게 이제 고학년이 되어 더욱 많은 권한과 책임을 감당할 수 있을 것이라 믿고 있다는 이야기를 해 주는 것이 중요합니다. 그러면서 이제 용돈의 사용처와 금액, 세부조건 등을 정하는 작업의 주도권을 아이에게 주겠다는 이야기를 차근차근히 해주어야 합니다.

"○○아, 우선 칭찬하고 싶어. 그동안 용돈 계약서도 만들고, 엄마랑 약속한 것도 잘 지키고, 예산을 정하는 일도 너무너무 잘 해 와서 훌륭해. 그동안 너무 수고하고 잘했어. 정말 자랑스러워."

"지금까지 지출했던 것들 말고, 다른 지출도 하고 싶은 것들이 있으면 넣어주었으면 좋겠어. 이제까지 용돈 관리를 잘 했기 때문에 너의 권한을 더 넓고 크게 만들어 주려고 해. 엄마는 네 제안을 기다릴게."

"용돈의 내역, 스스로 어떤 일에 어느 정도의 금액을 용돈으로 쓰고 싶은지에 대해 생각해보고 엄마한테 제안해 줬으면 좋겠어. 우리가 그동안 해왔던 용돈 계약서와 예산을 생각해보고 새롭게 바꾸고 싶은 것이나 추가하고 싶은 것에 대해 자유롭게 생각해보라는 뜻이야."

이런 식으로 말해주면 됩니다. 이제까지 용돈 훈련이 부모의 주도와 제안으로 이루어진 것이라면, 앞으로는 훈련의 주도권을 아이에게 넘겨주는 형태로 바꿔간다는 뜻입니다.

이전 단계의 훈련을 통하여 아이는 이미 용돈의 사용처와 금액 등을 정하고 부모와 협의하는 것을 크게 어려워하지 않을 것입니다. 예산과 결산, 계획과 조건협상에 대해 익숙해져 있다는 의미입니다.

이제까지 아이의 용돈은 간식비나 학교 준비물 정도의 작은 지출만 포함되어 전체 금액이 크지 않고, 지출 항목 가짓수도 많지 않았습니다. 그런데 이제부터는 새롭게 변화된 아이의 욕구에 맞게 새로 구성하는 작업이 시작될 것입니다. 이러한 변화를 미리 알려주어야 합니다.

간단히 말해 용돈 내역이 아이의 생활비 전반으로 늘어나게 됩니다. 이제 용돈의 사용내역에는 부모에 의해 지출되던 항목이었던 '교통비, 문화생활비, 옷값, 학원비' 같은 지출이 포함될 수 있을 것이고, 이것에 대해 아이가 예산을 세우고 부모에게 매월의 용돈 내용과 금액을 어떤 조건으로 변화시킬 것인지 제안하도록 도와주어야 합니다.

이 단계에서 중요한 것은 아이가 스스로 예산을 작성하고 제안하는 과정입니다. 그동안 여러 번 해온 활동이지만 이전에는 부모가 지출 금액의 정도와 지출 항목에 어느 정도 가이드라인을 주었죠. 이런 가이드라인 없이 의류비, 간식비, 교통비, 문화생활비, 학원비, 취미생활비, 기타 비용 등 자신에게 필요한 생활비용 중에서 스스로 집행할 내용을 결정하고, 모에게 그것을 요구하는 일은 정말 막막하고 어려운 일입니다.

그래서 비록 실행은 조심스럽지만 시작은 과감하게 할 필요가 있습니다. 아이에게 주도권을 넘겨준다는 것은 주도적인 예산 짜기를 연습하는 것이며, 단순히 머리로만 계산해 보는 훈련 이상을 의미하는 것입니다. 8세부터 이루어진 용돈 훈련의 예산 짜기 연습은 이렇게 아이가 독립적으로 예산을 수립할 수 있도록 하기 위한 과정인 셈이죠.

아이가 주도하는 용돈 제안서 쓰기

아이에게 주도권을 넘긴다는 것이 용돈과 관련된 모든 것을 아이 혼자 하게 한다는 것을 의미하지는 않습니다. 실제 필요한 지출 항목과 예산은 아이가 짜더라도 잘 짤 수 있도록 부모가 도와주셔야 합니다. 그 방법은 다음과 같습니다.

1. 아이와 관련된 지출 항목과 연관 비용 뽑아보고 확인하기

학교 관련 비용, 간식비, 친구 생일 등 문화비, 도서 구입비, 문제집 등 구입비, 사교육비, 의류비, 신발과 가방 등 피복비 등 아이에게 지출한 비용이 있을 것입니다. 이러한 지출 항목과 연간 비용을 뽑아보고, 기존의 용돈으로 지출되던 항목과 비용을 확인해봅니다.

아이와 관련된 지출 항목과 연간비용 예시표					
항목	세부내역	월 지출 금액 (A)	연 지출 금액 (A*12)	비고
사교육비	영어학원	170,000원		자세히 세분하여 기록한다. * 현재 월 단위 지출 금액 기재
	미술교습	150,000원		
	수영강습	80,000원		
	학습지, 문제집 구입	50,000원		
	합 계	450,000원		
공교육비	학용품비	10,000원		
문화생활비	도서 구입	20,000원		* 비정기적인 지출이 많다(월 단위 평균해 금액 기재). * 가족여행이 포함되는 경우 전체 여행경비를 가족 수로 나누어 기재한다.
	공연, 영화 관람	20,000원		
	친구 생일, 모임	30,000원		
	여행, 나들이	100,000원		
	합 계	180,000원		
의류·잡화	의류 구입	100,000원		* 비정기적인 지출이 많다(월 단위 평균해 금액 기재).
	안경, 악세사리 구입	50,000원		
	신발, 가방	50,00원		
	수집품	20,000원		

	합 계	220,000원	
미래 소비	교육비 적금	200,000원	이 항목은 부모의 점검을 위해 적어보는 것이 좋다. 아이에게는 아직 이야기하지 않는 것을 권한다.
	보험(저축성)	100,000원	
	기타 금융상품	100,000원	
	합 계	400,000원	

2. 아이가 추가로 직접 지출하려는 항목과 비용 선택

부모가 뽑아본 아이 관련 지출 항목 중 아이가 추가로 직접 지출하고자 하는 항목과 비용을 선택하도록 합니다. 다시 한번 말해두지만 아이가 고른 것을 부모가 무조건 수용해야 하는 것은 아닙니다. 가정상황과 아이의 성향에 맞춘 부모의 판단이 더욱 중요합니다.

<새롭게 항목이 추가된 용돈 예산서>

2월의 예산 작성일자 : 1월 20일(11세 단계로 예산서 수정하기)						
수입 예산			지출 예산			
날짜	내역	금액	날짜	내역	금액	기억할 사항
	기본 용돈(간식비, 학용품비, 생일, 나들이)	77,000원		간식 4,000원 주 2회	32,000원	밖에서 친구들이랑 사 먹는 간식만!
	봄쇼핑비(추가 지출 예산)	50,000원		학용품 (학교 준비물 및 개인 문구)	5,000원	* 모아서 지출. 8,000원 넘는 건 엄마랑 얘기!
	저축	20,000원		생일선물	10,000원	모아서 사기(생일이 많은 달에는 엄마랑 얘기!)

		2월	친구들 나들이	30,000원	점심, 교통비 (월 2회 예상)
		25일	봄쇼핑(친구들 나들이 때 함께)	50,000원	봄옷 사기
		2월 20일	저축	20,000원	8월 워터파크 놀러갈 준비 (친구들이랑!)
할머니 선물 (스무살 통장)	20,000원	2월	스무살 통장에 저축	20,000원	수입과 지출 합계에 포함하지 않습니다.
합계	147,000원		합계	147,000원	

3. 비정기적인 용돈 지급 방식 합의하기

용돈 중에는 매월 일정한 비용이 드는 항목만 있는 것은 아닙니다. 예를 들어 연간 의류비 중 티셔츠, 바지 등의 기본 의류에 대한 지출을 아이 용돈에 넣기로 하고 연간비용을 30만 원 정도로 책정한 경우를 생각해보죠.

의류비의 경우 매월 균일하게 나누어 지급할 수도 있고, 계절별로 옷을 살 경우 연 4회로 나누어 해당 월에 지불할 수도 있습니다. 이처럼 비정기적인 비용을 어떤 방식으로 지급하고 지출할 것인지 세부사항에 대하 아이와 합의합니다.

4. 아이와 합의된 내용으로 용돈 계약서 작성하기

합의된 내용을 아이가 정리하여 '용돈 계약서'를 작성하도록 하고, 부모와 아이 모두 서명합니다. 이후의 용돈 관리는 이전 단계와 마찬가지로 예산 수립과 기입장 점검 등으로 수정·보완해가면 됩니다.

<신규 합의 내용이 추가된 용돈 계약서>

용돈 계약서(신규 합의 내용 추가 수정하여 작성하기)

엄마(   )은 자녀(   )에게 용돈을 지급함에 있어 다음과 같은 조건으로 용돈 계약을 체결하는 것으로 한다.

1. 용돈의 지급액수
기본 용돈(주당   원) + 기타 용돈(저축 등) + 추가 지출 예산의 금액

> *추가 지출 예산 : 기본 용돈 이외에 추가 용돈이 필요한 경우, 기타 용돈과 수입 예산, 지출 예산을 검토한 후 상호협의하여 추가 금액과 지급 방법을 결정하고, 협의된 금액을 기본 용돈과 함께 지급한다.

2. 용돈 지급일
기본 용돈과 이번 달의 추가 지출 예산(지출 예산의 수정 및 추가 지출 등)을 상호 합의하여 매월 (   )일에 지급한다.

3. 용돈의 사용방법과 기준
용돈 계약 체결 시 작성한 용돈 내역서를 기본으로 지출하되, 매월의 수입 및 지출 예산에 따른다. 기타 용돈과 부수적인 수입은 (   )에 따라 사용하는 것으로 한다.

4. 특별 용돈의 사용과 처분
세뱃돈, 친척들이 주는 돈 등 기본 용돈 이외의 용돈으로 보는 특별 용돈은 (   ) 하는 것으로 한다.
예) 스무살 통장에 저축하기

5. 용돈의 책임 : 월별 예산의 작성 및 결산
용돈을 사용함에 있어서 반드시 해당 월의 지출 및 수입 예산과 결산을 작성하는 것으로 한다.

6. 계약의 해지 및 특약사항

용돈 계약 중 상기 내용을 위반할 경우 계약을 해지하거나 위반에 따른 벌칙을 정할 수 있다.

특약사항 : 사전협의를 통해 정한 규칙과 약속, 상호간의 벌칙조항 등을 넣는다.

> 예) 월 1회 예산을 세운다 : 용돈을 지급받는 대신 예산은 ○○이가 자발적으로 작성하며, 정당한 사유 없이 예산 수립이 늦어 용돈 지급일이 늦어질 경우 음식물 쓰레기를 1회 버리는 집안일을 하기로 한다.

7. 계약의 갱신 및 수정

본 계약의 기간은 1년으로 하며, 엄마(　　)과 자녀(　　)은 상기 계약조건을 숙지하고, 상호 신의와 성실의 자세로 지켜나갈 것을 약속한다.

20　년　월　일
엄마 :　　　　서명
자녀 :　　　　서명

용돈 협상 FAQ

Q. 아이에게 용돈 제안서를 써보라고 권했는데, 자꾸 말로 하려고 합니다. 꼭 적어오게 해야 할까요?

아이가 스스로 용돈의 금액과 지급조건, 사용방법 등을 결정할 수 있도록 도와주려면 우선 제안서를 작성해보라고 하는 것이 좋습니다.

"○○아, 이제 용돈에 관한 내역, 권한의 크기 이런 부분과 용돈의 금

액, 또 용돈을 어떻게(용돈 지급 주기와 조건 등) 받고 싶은지 등을 전부 엄마한테 제안해 봐. 기다릴게."

이전에는 아이의 용돈에 간식비, 학용품비, 한두 가지 생일비용이나 이벤트 비용 정도만 포함되어 있었습니다. 하지만 아이가 11세가 되면 아이도 많이 성장했고, 또래친구들과 사회적 관계도 맺고 있기 때문에 용돈에 변화가 필요할 수 있습니다. 옷값이 들어갈 수도 있고, 학원비나 도서 비용 같은 것이 들어가거나 다른 가족과 함께하는 외식이나 가족 나들이와 같은 비용도 용돈에 포함될 수 있다고 생각해야 합니다. 부모가 이런 여러 가지 가능성을 알려주고, 이 중에서 넣고 싶은 항목을 집어넣어 보도록 할 수도 있습니다.

제안서라고 말한 이유는 당연히 말로 하는 것이 아니라 간단하게라도 적어 와야 한다는 뜻입니다. 용돈 예산서 작성에 어느 정도 익숙해졌어도 제안서를 작성하라고 하면 아이는 "엄마 나 뭐도 쓰고, 뭐도 하고 싶어"라고 말로 하기 마련입니다. 그때 "적어서 와" 혹은 "우리는 문서로 대화하자" 한마디만 하시면 됩니다.

제안서를 문서로 작성하는 일은 굉장히 중요합니다. 왜냐하면 협상과정이 혼란해지는 순간에 제자리로 돌아올 수 있고, 적어서 함께 살펴봐야 이 계획의 허점이나 주의점이 쉽게 보이기 때문에 아이를 도와줄 수 있습니다.

계획을 세울 때 어떤 것들이 더 들어가야 하는지, 어떤 순서로 계획을 세워야 하는지 등을 짚어줄 수 있는 것이지요. 그냥 말로 제안하면 서로 이 부분을 놓치기도 쉽고, 대화 과정에서 바뀐 조건이나 처음의 요구가 헷갈리고 오해가 생기는 경우도 발생하게 됩니다.

부모도 잘못 알아듣고 잘못된 가이드를 해줄 수도 있고요. 아이도 자기가 모르는 게 아니었는데, 설명을 못했다고 엄마가 계속 이야기하면 아이 입장에서는 아는 얘기 또 듣는 상황이 될 수 있어요. 그래서 가능한 한 제안서를 적어오라고 하는 것이 좋습니다.

Q 아이가 용돈 제안서를 작성하면서 자꾸 '이런 거 적어도 돼?' 물어봅니다. 어떻게 대답해줘야 할까요?

매달 용돈 예산서를 작성해본 아이도 자기 혼자서 용돈 제안서를 작성하려고 하면 처음에는 막막할 수 있습니다. 그래서 종종 "엄마 이런 거 적어도 돼?"라고 물어봅니다. 뭐라고 해야 할까요? "알아서 해~!"라고 대답하면 됩니다.

아이가 모르는 걸 물어보는 건 괜찮지만 "적어도 돼?"라는 질문은 부모의 허락과 동의를 구하는 거예요. 아이는 부모가 거절할까 염려해 물어보는 것이지만 자신의 생각을 정리하는 제안서 단계에서는 일일이 대답해줄 필요가 없습니다.

물론 아이의 제안 내용에 대한 부모의 허락과 동의는 필요합니다. 다만 제안서 전체를 보고 허락과 동의를 해주어야 합니다. 전체 내용이 확정되기도 전에 아이가 작성한 내용에 미리 한 건 한 건 허락과 동의를 해주면 나중에 허락하기 어려운 내용이 있어도 "안 돼"라고 말하기 어려울 수 있습니다. 따라서 전체 내용이 확정되기 전까지는 일단 아이가 알아서 하도록 내버려 두는 것이 좋습니다.

하지만 아이가 가격이나 자세한 조건이나 내용을 몰라 어려워하면 도와주셔야 합니다. 예를 들면 "엄마 나 옷 사는 거 넣고 싶은데, 얼마 정도 적으면 돼?"라고 물으면 계절에 따라 필요한 옷을 어떻게 구분하는지, 아이가 직접 구입하려고 생각한 옷의 종류는 어떤 것인지, 그 옷의 가격은 어느 정도 하는지 알려주세요.

아이와 함께 인터넷 쇼핑몰에 들어가서 보여주어도 좋습니다. 같이 보면서 '이런 스타일은 얼마인데, 이건 얼마야' 말해주고 참고할 수 있도록 정보를 제공해 주시면 됩니다. 그리고 '엄마가 평균적으로 계절에 한 번씩 옷값을 지출할 때는 어느 정도 비용이 들어' 하고 알려주셔도 됩니다.

'먼저 옷장 정리 한번 해보지?' 권해주어도 좋습니다. 이건 아이가 좋아하지 않을 수 있지만 어떤 옷이 있는지 살펴보고, 불필요한 지출을 줄이는 데는 도움이 됩니다.

Q 아이가 제안해 온 내용이 굉장히 허술한데, 어쩌면 좋죠?

아직 아이가 자신의 생각을 자세하고 간결하게 정리하는 방법을 잘 모른다는 것을 기억해주셔야 합니다. 내용도 허술하지만 글씨 자체를 알아보기 힘들 수도 있습니다. 이럴 때는 그냥 말해주시면 됩니다.

"○○아, 글을 읽을 수가 없어. 이 숫자와 글씨를 못 알아보겠어. 다시 써줘."

아이가 제안서를 다시 써오면 내역을 살펴 본 다음에 "어떤 어떤 내용이 빠진 것 같아. 조금 더 생각해 봐" 하고 채워 넣을 것을 이야기해 주시면 됩니다.

여기서 주의할 점은 눈앞에 빠진 내용이 열 가지가 보여도, 최대 세 가지만 이야기해야 한다는 것입니다. 그 이상 이야기하면 아이는 해야 할 것이 너무 많아 힘들어하기 쉽습니다.

사실은 세 가지도 많습니다. 한두 가지만 이야기해 주는 것이 좋습니다. 하나나 두 가지 선에서 끊고 "이번 달엔 이걸로 해보자. 혹은 이번 3개월은 이렇게 해보자" 말해주세요. 이렇게 범위를 조금 줄이고, 기간을 정해주면 아이가 실행하기가 쉽습니다.

Q 아이가 굉장히 큰 금액의 지출을 제안하는데, 들어줘야 할까요?

부모 입장에서는 아이가 11세가 되어도 어리게만 느껴질 수 있습니다. 그런데 아이가 10만 원이 훌쩍 넘는 금액을 용돈으로 달라고 합니다. 사실 아이들 옷도 괜찮은 브랜드는 15~20만 원이 훌쩍 넘습니다. 그렇다 해도 이 큰돈을 현금으로 아이가 들고 나간다는 것은 상상만 해도 아찔할 수 있습니다.

이런 경우에는 타협책이 필요합니다. 예를 들면 1.2.3 단계 쇼핑으로 나누는 방법을 고려할 수 있습니다. 일단 5~7만 원 정도를 주고(체크카드를 활용하셔도 좋습니다) 가장 쉽게 쇼핑하기 좋은 품목을 정해서 사보도록 하는 것이죠. 예를 들어 '바지 하나, 티셔츠 하나'를 사보도록 하고, 괜찮으면 조금 더 액수를 올려서 다시 사도록 하면 됩니다.

인터넷에서 살 때도 마찬가지입니다. 한 번에 몽땅 사지 말고, 1.2.3 단계로 나눠서 사보면 위험부담을 줄이고, 아이도 어느 정도 만족할 수 있습니다.

Q 용돈 협상을 제안하라고 했는데, 지출 항목을 바꾸고 싶지 않다고 합니다. 옷이나 필요한 물건도 엄마가 골라주는 게 좋다는데, 용돈 항목을 늘리지 않아도 괜찮은 건가요?

아이가 용돈 항목을 늘리지 않고, 지금껏 하던 대로 받고 싶다고 한다면 제안을 했을 때 거절을 당할까 두렵기 때문일 수 있습니다. 이런 경우 새로운 지출을 포함하지 않아도 좋으니 기존에 실행하던 용돈 내용을 혼자서 적어보도록 해주셔도 좋습니다.

이것을 바탕으로 차근차근 늘려갈 내용을 미션처럼 제안해 주셔도 됩니다. 티셔츠 한 장 사오는 연습이나 도서 구입하기 등을 먼저 제안하여 넣어주면 좋습니다.

이제부터는 아이의 성향을 감안하면서 진행속도를 조절하는 것이 필요합니다. 조심성이 많거나 실패를 두려워하는 마음이 큰 아이라면 새로운 일을 시작하는 데 조금 더 긴 시간과 경험이 필요할 수 있습니다. 그러니 아이의 성격과 상태를 보면서 조금씩 항목을 추가하고 금액을 늘려가는 노력이 필요합니다.

귀찮아서 용돈 증액과 항목 증가를 거절하는 아이도 있습니다. 이런 아이에게는 용돈 훈련의 원칙을 알려주는 것이 중요합니다.

"○○아, 지출하는 돈의 크기를 키우고 스스로 결정하는 항목을 늘리고, 또 먼저 제안하는 연습을 시작하는 게 너무 어렵고 부담스럽게 느껴

진다는 거 이해해. 하지만 지금 하는 용돈 훈련은 앞으로 성인이 되어 너의 생활 전체를 혼자서 책임지면서 사는 연습이라는 것을 기억했으면 좋겠어. 단번에 완벽하게 실행하는 것을 요구하는 게 아니라는 것을 알아줘. 어려운 일이라서 연습하는 거니까 엄마, 아빠랑 상의도 하고, 도움도 받으면서 조금씩 실행해 보기로 하자."

"어려운 일이지만, 꼭 해야 하는 일이라는 것을 알았으면 좋겠어. 세상의 모든 사람들이 사용하는 도구가 바로 돈이고, 평생 관리해야 하는 것이 수입과 지출에 대한 것이거든. 어떻게 벌고, 어떻게 사용할지 결정해 가는 연습을 엄마, 아빠랑 해보는 거야. 천천히 조금씩 잘 해보자. 차근차근 배울 수 있게 도와줄게"라고 이야기해 주시면 좋습니다.

천천히 할 수는 있지만 안 할 수는 없는 훈련이란 점을 차분하고 따뜻하게 알려주시면 좋겠습니다.

Q 아이가 너무 많은 것을 스스로 결정하고 싶어 하고, 학원까지 모두 마음대로 바꾸고 싶다고 하네요. 어떻게 해야 할까요?

주도성에 대한 욕구가 큰 성향을 가진 아이들이 이런 모습을 보입니다. 우선 아이의 성향과 욕구를 인정해 주는 것이 필요합니다. 하지만 언제나 부모의 보호 아래 있는 것이며, 최종적인 결정 권한은 부모에게 있다는 것을 다시 한번 알려주어야 합니다.

"○○아, 아주 의욕적이고 적극적인 제안을 해주었구나? 네가 그동안 열심히 용돈 관리를 해왔기 때문에 할 수 있는 제안이라고 생각해. 하지만 엄마 아빠는 처음부터 너무 여러 가지를 결정하고 선택하는 연습을 시작하는 것이 좀 무리가 될 수 있다고 생각해.

물론 너의 능력은 충분하겠지만 용돈 훈련은 차근차근 해야 하는 일이거든. 살림을 10년 넘게 해온 엄마 아빠도 가끔은 지출을 결정하고 돈을 관리하는 것이 어려울 때가 있어. 그래서 이번에는 네가 제안한 것 중에서 이것과 이것(아이의 제안 중에서 적절해 보이는 것을 골라서 이야기해 주세요)부터 시작해보면 좋겠어. 이렇게 시작해서 차근차근 나머지도 반영할 수 있도록 해보자."

"그리고 학업 계획과 관련한 부분은 너의 취향이나 결정도 중요하지만 엄마 아빠의 의견과 제안에 대해서도 함께 고민하고 결정해 갔으면 좋겠어. 엄마 아빠는 지금 당장 네가 좋아하는 것을 이뤄주는 것 뿐 아니라 장기적인 너의 미래를 준비하는 것도 고민해야 하거든.

우선 지금 하는 훈련은 돈의 쓰임새에 대한 것이니까 학업, 진로와 관련한 결정은 조금 더 천천히 대화를 해보자. 너의 학업계획에 대한 의견을 좀 더 구체적으로 '예를 들면, 목표하는 진로가 어떤 방향이라서 어떤 공부를 하고, 어떤 공부는 스스로 할 테니 어떻게 조정하고 싶다'는 형태로 정리해서 이야기해 주면 좋겠어. 그럼 엄마 아빠도 네 의견을 바탕으로 깊게 고민해 볼게" 하고 정리하면서 차근차근 풀어가면 좋을 것 같습니다.

적극적인 아이에게도 역시 용돈 훈련의 목적이 '돈을 관리하는 연습을 위한 것'임을 상기시켜주시고, 보호자로서 부모가 가지는 권한에 대해서도 다시 한번 알려주는 것이 꼭 필요합니다.

아이가 용돈으로 정말 이상한 걸 사요. 말려야 할까요?

협상의 주도권을 아이에게 주고 난 뒤 용돈을 사용하기 시작하면 아주 중요하게 지켜야 할 것이 있습니다. 바로 실행과정을 즉시 평가하지 말고, 참고 기다려주는 일입니다.

예를 들면 아이에게 자신의 옷이나 필요한 물품 쇼핑을 스스로 하게 했을 때 정말 이상한 걸 골라서 사올 때가 있습니다. 얼핏 봐도 품질이 좋지 않고, 분명히 지금은 몸에 맞지만 한번만 물에 닿고 나면 아동복으로 변신할 것 같은 그런 물건들이죠.

이런 순간에 뭐라고 해야 할까요? 아무 말씀도 하지 마세요. 정말 아무 말도 하지 말아야 합니다. 굳이 말하지 않아도 아이들은 이미 알고 있습니다.

사실 10대 아이들에게 쇼핑을 시켜보면 들고 들어올 때 태도가 달라요. 스스로 잘 샀다고 생각하면 "엄마 이거 봐라? 나 이거 입고 보여줄게" 신나서 자랑합니다.

그런데 자기가 봐도 좀 이상한 걸 사오면 "엄마… 이거 어때? 괜찮아? 잘 산거 같애? 애들이 하도 예쁘다 그래서 사긴 샀는데 잘 모르겠어" 하고 이야기할 겁니다.

이런 순간에, 일단은 참으세요. 굳이 한마디 하고 싶으시면 "응, 쫌~ 그래…" 정도로 그쳐야 합니다. 그 한마디 속에 모든 게 들어가요.

그리고 아이는 이미 상처받았습니다. 자기가 한 일의 결과는 자기가 제일 잘 아니까요.

아이가 이상한 걸 샀어도 괜찮습니다. 용돈 훈련을 하는 동안 시행착오는 항상 발생할 수 있습니다. 그리고 시행착오에는 항상 비용과 대가가 따라오게 됩니다. 잘못된 쇼핑은 이 두 가지를 느끼게 해주는 가장 훌륭한 교육이에요. 잘못 산 옷을 볼 때마다 아픔을 느끼고, 더 나은 소비를 할 수 있는 능력을 키우는 것이니까요.

지금 우리가 하고 있는 것은 교육입니다. 아이가 옷을 잘못 샀다고 추가적인 옷값을 지출하는 게 아니기 때문에 괜찮습니다. 경제교육과 가정 경제의 지출 계획에는 문제가 없다는 것입니다.

그냥 눈만 견디면 됩니다. 아이가 예쁘지 않은 상태로 다녀도 아이는 금방 자라고, 계절이 바뀌니 이상한 옷을 볼 날이 길지 않습니다. 아무리 길어도 3개월만 참으면 되니 '뭐 그런 옷을 샀냐' 질책하지 마세요.

경제교육의 과정에서 시행착오와 관련해서 아이에게 개입해야 할 부분과 하지 말아야 할 부분을 구별해야 합니다. 개입해야 할 부분은 분명히 있습니다. 바로 위험한 일과 도덕적으로 문제가 있는 일, 이 두 가지는 여지없이 일언지하에 정리하셔야 합니다. "그건 안 되는 거야" 하고 말이죠. 하지만 그 외에 다른 일들은 좀 견뎌주시기 부탁드립니다.

Q '원하는 활동하기'를 해 보려고 하는데, 아이는 갖고 싶은 물건만 잔뜩 나열합니다. 가족 나들이는 싫다고 하네요. 어떤 활동을 제안하고, 아이가 싫어하면 어떻게 해야 하는지 궁금해요.

아이에게 하고 싶은 일을 해보자고 하신 것 같습니다. 부모는 아이가 당연히 가족과 함께하는 나들이를 하고 싶어 할 것이라 생각할 수 있지만 아이의 마음은 처음엔 자기 자신을 향하는 것이 당연해요. 그래서 부모의 제안을 싫어한다면 그냥 아이가 하고 싶은 일들을 하게 해주세요.

아이가 쉽게 떠올릴 수 있는 계획은 '물건을 구입하는 일'인 경우가 많습니다. 왜냐하면 단순하고 쉽게 욕구가 충족되는 활동이기 때문입니다. 맛있는 것을 먹고, 예쁜 것을 사면 기분이 좋아지는 경험을 부모도 해보셨을 겁니다. 처음엔 물건으로 시작하는 계획이라도 차츰차츰 시도하면서 그 범위와 방향을 자기 자신에서 주변, 가족, 세상까지 연결하는 과정도 의미 있게 만들어질 수 있습니다.

만약 아이의 주도적인 활동을 가족 나들이부터 시작하기를 바라는 것이라면 '원하는 활동하기'처럼 애매한 제목으로 포장하지 말고, 처음부터 솔직하게 제안하는 것을 권해드립니다.

"○○아, 이제부터 너에게 '가족 나들이'에 대한 예산과 집행 권한을 주려고 해. 그 과정에서 돈을 사용하는 계획과 방법, 책임 등을 배웠으면 하거든. 그리고 즐거운 추억도 함께 만들었으면 하는 마음도 있고. 힘든 부분은 열심히 도와줄 테니 차근차근 시작해 보자. 이것부터 시작해서 네가 잘 해나가면 다른 활동이나 네가 하고 싶은 일도 시도해 볼 수 있을 거라고 생각해"라고 이야기해 주시면 됩니다.

12세

결산의 개념과 방법을 알려주세요

용돈 교육은 크게 세 단계로 이루어집니다. 첫 단계는 '용돈의 사용내역과 금액 정하기' 두 번째는 '매월의 수입과 지출 예산 정하기와 이를 지켜나가는 실행하기' 그리고 세 번째는 '수입과 지출의 결과를 합산하고 예산에 맞게 집행되었는지 확인하는 결산하기'입니다.

12세는 세 번째 단계인 결산하기를 좀 더 확실하게 연습해 볼 수 있는 나이입니다. 사실 결산하기는 12세에 갑자기 추가되는 활동이 아닙니다. 이미 오랫동안 알게 모르게 해 온 활동인데, 이제부터 좀더 명확하게 이해하고 연습해야 할 시기가 된 것 뿐입니다.

결산하기가 무엇인지 알아보고, 실제로 결산서를 작성하는 연습을 해보도록 합니다.

결산을 잘 해야 다음 달 예산을 세울 수 있어요

아이와 매월 예산을 세울 때 어떻게 하셨나요? 아마도 기억을 더듬어 아이의 씀씀이를 확인하면서 상황에 따라 여러 말을 했을 겁니다.

"이번 달에는 계획대로 잘 썼구나. 수고했어."

"이번 달에는 계획했던 것과 많이 달라졌네? 왜 그랬을까?"

"아, 친구 생일이 한 번 더 있었는데 몰랐구나. 다음에는 조금 더 알아보고 계획을 세워야겠네."

결산이라는 말을 안 했을 뿐이지, 이렇게 우리는 그동안 결산작업을 하고 있었습니다. 용돈 훈련을 하면서 꾸준히 해왔던 결산을 이제 좀 더 명확하게 개념을 이해하고 제대로 연습할 시기가 됐다고 이해하면 됩니다.

결산하기의 의미를 제대로 알아야 해요

몇 년 동안 용돈 교육이 잘 진행되었다면 꾸준히 아이 용돈의 가짓수와 전체 금액이 상승했을 것이고, 매월의 수입과 지출 예산 수립이 잘 진행되고 있을 것입니다. 또한 아이는 자연스럽게 자신이 사용한 용돈 내역에 대해 점검하고 확인하는 결산 과정을 연습해왔을 것이기 때문에 용돈 교육 마무리 과정인 '결산하기'를 연습하는 것은 그리 어렵지 않을 것입니다.

아이와 함께 확인하는 결산이란 지난달에 아이가 작성한 예산서의 수입 내역과 이달의 실제 수입 내역을 비교하고, 예상 지출 내역과 날짜를 확인하여 실제 지출 내역과 날짜에 맞게 진행되었는지 확인하는 것입니다. 많은 분들이 이렇게 결산을 그저 '들어온 금액 얼마, 나간 금액 얼마, 남은 돈 얼마' 하고 계산하는 것이라 착각하는데, 여기서 끝나면 제대로 된 결산이 아닙니다.

진정한 의미의 결산은 사전에 수립한 수입 예산과 지출 예산을 바탕으로 그 실행 결과를 확인하고 판단·평가하여 문제를 해결하고 다음 기간의 예산을 준비하는 바탕을 만드는 과정입니다. 다시 말해서 수입과 지출 계획에 대한 기준을 확인하고, 이에 맞게 실행되었는지 알아보고 평가하여 대안을 마련하는(문제를 해결하는) 과정이 결산입니다. 때문에 결산을 위해서 반드시 필요한 것은 가계부나 용돈기입장이 아니라 평가의 기준이 되는 해당 기간에 대한 수입과 지출의 예산서라는 것을 기억해야 합니다.

결산하기는 혼나는 시간이 아니라 상담하는 시간이에요

'결산하기'를 시작하기 전에 꼭 염두에 두어야 할 것이 있습니다. 바로 결산하기의 목적이 무엇인지 잊지 않는 일입니다. 아무리 좋은 도구라 할지라도 좋은 목적을 가지고 바르게 사용되지 않으면 빛이 바래지곤 합니다.

'결산하기'를 하는 이유는 다음 달의 예산을 세우기 위한 것입니다. 지난달의 수입과 지출을 확인하고 이를 바탕으로 다음 달 예산을 세우면서 그에 필요한 준비와 배워야 할 것은 무엇인지, 예산을 실행하기 위해 바꿔야 할 습관이 무엇인지 살펴보기 위한 도구입니다. 아이의 결점을 찾아서 지적하는 시간이 아닙니다.

예산과 달라진 상황이나 문제가 있다면 이번 달 돈쓰기의 과정에서 발생한 문제가 무엇이었는지, 앞으로 예산을 세울 때 한 번 더 생각해야 할 것은 무엇인지, 더 좋은 쇼핑 기술은 어떻게 익힐 수 있는지 등에 대한 폭넓은 이야기를 나누는 시간이 되어야 합니다. 그래서 결산하기는 '잔소리 듣고 혼나는 시간'이 아니라 부모에게 '배우고 상담하는 시간'이 되어야 합니다.

결산서 작성 실전 연습

적은 금액의 용돈이라 할지라도 예산과 비교해서 판단한 내용을 적는 일, 즉 '결산서를 작성'하는 일은 생각보다 어렵습니다. 당연히 한 번만 해서는 배울 수도, 익숙해질 수도 없습니다. 적어도 한 달에 한 번씩 1년 정도는 연습해야 제대로 배울 수 있습니다. 아이는 결산하기를 연습해보면서 '아, 지출을 잘했는지 못했는지 판단하는 일은 예산과 비교해서 소비한 결과를 따져보는 것이구나. 한 달 한 달의 살림살이를 평가하는 방법은 이런 것이구나' 하는 점을 배우게 됩니다.

그럼 결산하기는 어떻게 진행될까요? 그 순서는 다음과 같습니다.

① 해당 월의 예산서를 가져옵니다

결산을 하기 위해서는 수입과 지출에 대한 예산서가 있어야 합니다. 수입과 지출 계획을 어떻게 잡았는지 기준이 있어야 계획대로 실행되었는지 여부를 알아볼 수 있기 때문입니다. 예산서는 매월 용돈을 받기 전에 작성했을 것입니다. 그 예산서를 먼저 가져와야 합니다.

2월의 예산 작성일자 : 1월 20일(11세 단계로 예산서 수정하기)						
수입 예산			지출 예산			
날짜	내역	금액	날짜	내역	금액	기억할 사항
	기본 용돈(간식비, 학용품비, 생일, 나들이)	77,000원		간식 4,000원 주 2회	32,000원	밖에서 친구들이랑 사 먹는 간식만!
	봄쇼핑비 (추가 지출 예산)	50,000원		학용품(학교준비물 및 개인문구)	5,000원	* 모아서 지출. 8,000원 넘는 건 엄마랑 얘기!
	저축	20,000원		생일선물	10,000원	모아서 사기(생일이 많은 달에는 엄마랑 얘기!)
	집안일 알바	20,000원	2월 25일	친구들 나들이	30,000원	점심, 교통비 (월 2회 예상)
	삼촌 용돈	10,000원		봄쇼핑(친구들 나들이 때 함께)	50,000원	봄옷 사기
				추가 쇼핑 (취미용품)	30,000원	집안일과 삼촌 용돈으로 해결할 예정
			2월 20일	저축	20,000원	8월 워터파크 놀러갈 준비 (친구들이랑!)
	할머니 선물 (스무살 통장)	20,000원	2월	스무살 통장에 저축	20,000원	수입과 지출 합계에 포함하지 않습니다.
	합계	177,000원		합계	177,000원	

② 예산서에 집행 결과를 추가합니다

이미 작성되어 있는 예산서에 집행 결과를 추가해 줍니다. 우리가 하려는 결산은 기업회계가 아니므로 집행 결과는 ① 수입총액 ② 지출총액 ③ 내역이나 기억할 사항 쪽에 변동내용이나 이유 정도만 추가해도 충분합니다.

2월의 예산 작성일자 : 1월 20일(11세 단계로 예산서 수정하기)						
수입 예산			지출 예산			
날짜	내역	금액	날짜	내역	금액	기억할 사항
	기본 용돈(간식비, 학용품비, 생일, 나들이)	77,000원		간식 4,000원 주 2회	32,000원	밖에서 친구들이랑 사 먹는 간식만!
	봄쇼핑비 (추가 지출 예산)	50,000원		학용품(학교준비물 및 개인문구)	5,000원	* 모아서 지출. 8,000원 넘는 건 엄마랑 얘기!
	저축	20,000원		생일선물	10,000원	모아서 사기(생일이 많은 달에는 엄마랑 얘기!)
	집안일 알바	20,000원	2월	친구들 나들이	30,000원	점심, 교통비 (월 2회 예상)
	삼촌 용돈	10,000원	25일	봄쇼핑(친구들 나들이 때 함께)	50,000원	봄옷 사기
				추가 쇼핑 (취미용품)	30,000원	집안일과 삼촌 용돈으로 해결할 예정
			2월 20일	저축	20,000원	8월 워터파크 놀러갈 준비 (친구들이랑!)

	할머니 선물 (스무살 통장)	20,000원	2월	스무살 통장에 저축	20,000원	수입과 지출 합계에 포함하지 않습니다.
	합계	177,000원		합계	177,000원	

( ) 월의 결산					
수입총액	알바와 삼촌 용돈이 안 들어옴	147,000원	지출총액	147,000원	취미용품 사기를 포기함

③ 결과에 대한 평가와 의견을 적어요

수입과 지출의 결산금액을 예산과 비교해서 나온 결과에 대한 평가와 의견을 간략하게 적어봅니다. 아이가 혼자 적고 난 다음 부모와 함께 상의해도 좋습니다.

평가와 의견을 적는 과정은 결산서 작성하기의 핵심입니다. 왜냐하면 이것을 잘 작성해야 해당 월의 예산과 지출과정에서 배워야 할 것이 무엇인지, 다음 달의 예산을 수립할 때 참고해야 할 것이 무엇인지 알 수 있기 때문이죠.

2월의 예산 작성일자 : 1월 20일 (11세 단계로 예산서 수정하기)						
수입 예산			지출 예산			
날짜	내역	금액	날짜	내역	금액	기억할 사항
	기본 용돈(간식비, 학용품비, 생일, 나들이)	77,000원		간식 4,000원 주 2회	32,000원	밖에서 친구들이랑 사 먹는 간식만!

봄쇼핑비(추가 지출 예산)	50,000원		학용품(학교준비물 및 개인문구)	5,000원	* 모아서 지출. 8,000원 넘는 건 엄마랑 얘기!
저축	20,000원		생일선물	10,000원	모아서 사기(생일이 많은 달에는 엄마랑 얘기!)
집안일 알바	20,000원	2월	친구들 나들이	30,000원	점심, 교통비 (월 2회 예상)
삼촌 용돈	10,000원	25일	봄쇼핑(친구들 나들이 때 함께)	50,000원	봄옷 사기
			추가 쇼핑 (취미용품)	30,000원	집안일과 삼촌 용돈으로 해결할 예정
		2월 20일	저축	20,000원	8월 워터파크 놀러갈 준비 (친구들이랑!)
할머니 선물 (스무살 통장)	20,000원	2월	스무살 통장에 저축	20,000원	수입과 지출 합계에 포함하지 않습니다.
합계	177,000원		합계	177,000원	

( ) 월의 결산				
수입총액	알바와 삼촌 용돈이 안 들어옴	147,000원	지출총액	147,000원	취미용품 사기를 포기함

★ 의견과 평가 ★

해당표의 설명 : 이번 달에는 집안일 알바와 삼촌 용돈을 예상해서 내 취미용품(게임관련 굿즈)을 구입하기로 계획했는데, 바빠서 집안일 알바를 하지 못했고 삼촌 용돈도 받지 못함(애들이랑 놀러가느라 삼촌을 못 만남). 그래서 취미용품 구입을 포기함. 다음 달 예산을 세울 때 협상이 필요하고(용돈을 늘려달라고 요청하려고 함), 학교 활동을 생각하면서 집안일 알바계획을 세워야 할 것 같음.

> **＊ 기타 상황에 대한 작성예시**
>
> **예1_** 이번 달 지출이 5만 원이 추가되었음. 부족한 금액은 장난감 지출(-2만 원)과 간식 지출을 줄이고(-1만 원), 아빠의 선물 용돈(+2만 원)으로 채웠음. 원인은 수입이 5만 원 줄어든 것인데, 엄마가 할머니에게 용돈을 주지 말라고 이야기해서임. 다음부터는 특별 용돈 예상 수입이 없어도 문제가 생기지 않도록 지출 예산을 세워야 할 것 같음(엄마랑 협상 필요).
>
> **예2_** 이번 달은 3만 원이 남았음. 이유는 원래 사려고 했던 책이 아직 나오지 않아서 구입하지 않았기 때문임. 다음 달에 지출하기로 함. 그래서 반납하거나 저축하지 않고 가지고 있음. 앞으로 지출 시기가 달라져서 남는 용돈은 다음 달로 넘기기로 엄마와 합의함.
>
> **예3_** 이번 달은 들어온 돈만큼 지출함. 하지만 원래 계획했던 것보다 2만 원을 더 지출하였음. 친구들이랑 방방에 놀러갔는데, 기분이 너무 좋아서 내가 친구들 것까지 냈음. 계획에 없던 지출을 해서 용돈이 부족했는데, 다행히 이모가 갑자기 용돈을 주었음. 만약 이모가 아니었다면 준비물이랑 간식을 먹을 수 없었을 것임(엄마한테도 혼났을지 모름). 다음부터는 기분이 좋아도 막 쓰면 안 될 것 같음.

④ 결산을 통해 알게 된 문제 해결 방법을 함께 상의해요

결산을 통해 다음 달의 예산을 수립하면서 해결해야 할 문제가 생기는 경우는 크게 '① 플러스와 마이너스의 규모가 너무 클 때 ② 매번 예상하지 못한 지출이 발생할 때'입니다. 두 가지 경우 모두 자세한 수입과 지출 내역에 대한 검토가 필요합니다.

만약 자발적으로 아이가 용돈기입장을 작성하고 있다면 큰 도움이 될 것입니다. 그러나 없어도 걱정할 필요는 없으니 강제로 용돈기입장을 적게 하느라 에너지를 낭비하지 말았으면 합니다. 여러 번 이야기했지만 아이들의 용돈 규모는 대개 20만 원을 넘지 않습니다. 이 정도 규모라면 적어두지 않아도 어디에 돈을 썼는지 충분히 기억할 수 있습니다.

결산하기 과정에서 부모는 아이와 함께 계획과 실행에서 생기는 변수와 차이를 알고, 예상과 달리 생겨나는 재정적 문제들을 어떤 방식으로 해결할 수 있는지, 어떻게 대처해야 하는지 등에 대해 대화를 나누는 것이 좋습니다. 대화를 통해 아이는 문제해결력을 높일 수 있고, 경제 활동을 하면서 재정적 문제가 발생할 수도 있다는 것을 알게 될 것입니다.

아이의 잘못이 없어도 상황이나 변수에 의해 문제가 발생한다는 것을 경험할 수도 있습니다. 이런 문제들을 알고 부모와 함께 해결하고 대비하는 과정을 연습하면서 문제가 생겼을 때 차분히 해결할 수 있다는 자신감을 키울 수 있을 것입니다.

결산 관련 FAQ

Q 아이가 주도한 가족 나들이를 했는데, 돈이 남았습니다. 아이가 남은 돈을 달라고 하는데, 어떻게 해야 할까요?

아이와 함께 가족 나들이 관련 지출 예산을 계획하고, 계획에 맞게 잘 사용하고, 그 결과 남은 돈이 있다면 아이에게 주는 것을 추천합니다.

만약, 남은 금액이 과도하게 크다면 결산의 과정에서 이유를 확인해야 합니다. 애초에 예산을 과도하게 잡은 것은 아닌지, 쉽게 확인할 수 있는 할인방법을 간과한 것은 아닌지(절약할 수 있는 금액으로 예산을 수립해야 하는데 해당 내용을 반영하지 않은 경우인지), 약속한 활동이나 이벤트를 지출을 줄이고자 포기한 것은 아닌지 등을 알아봐야 하는 것이죠. 왜 돈이 남았는지 이유를 알면 아이가 받을 만한 것인지, 아닌지 수월하게 합의할 수 있습니다. 아이가 지출을 줄이려고 노력해 돈이 남았다면 아이가 돈을 가질 이유는 충분합니다.

Q 결산하기를 진행하면서 앞으로 고쳐야 할 것들을 알려주었는데 아이는 잔소리로 받아들이네요. 무엇이 문제일까요?

돈의 씀씀이를 계획하고 실행하는 일은 참 어렵습니다. 아이가 예상하지 못한 상황이나 변동사항이 발생하거나 부모의 눈치를 볼 수도 있어요. 따라서 결산을 하는 이유가 앞으로의 변화와 준비를 위한 것이기는 해도 수고한 아이의 노력과 마음을 살펴주는 것도 중요합니다.

또한 결산을 할 때 한꺼번에 고칠 점과 주의할 점을 너무 많이 알려주면 아이는 자신의 노력과 수고를 부모가 몰라준다는 서운함만 느끼게 될 수도 있습니다. 그래서 아무리 많은 문제점이 보여도 한 번에 두세 가지만 이야기를 하는 것이 좋습니다.

예산 수립-집행-결산으로 이어지는 과정은 한 번만 하고 끝나는 것이 아닙니다. 그러니 시급하고 중요한 문제부터 천천히 한두 가지씩만 이야기해 주시고 고쳐나가는 모습을 보면서 추가해 주면 아이도 잔소리가 아닌 조언으로, 지적당하는 것이 아닌 해결책을 함께 고민한 시간으로 기억할 것입니다.

> 13세

우리 가족의 가계부를 보여주세요

이제 초등학교 6학년이 된 아이는 부쩍 자라고 본격적인 사춘기의 시기에 접어들었을 것입니다. 마냥 착했던 아이가 짜증을 내거나 부모 말을 반박하기도 할 것입니다. 돈 문제로 불만을 토로할 때도 있습니다. 예를 들어 비싼 옷을 사달라고 해서 좀 더 싸고 예쁜 옷을 권하면 발끈합니다. 가정경제가 좋지 않아 그런 것인데, 사주기 싫어서 그러는 줄 오해합니다.

아이가 너무 돈 개념이 없는 것일까요? 그렇지 않습니다. 이 시기의 아이들은 자신이 생각하는 이상과 현실의 차이 때문에 많이 혼란스러워하고 때로는 불안과 공포심을 갖기도 합니다. 그에 대한 반사작용으로 무관심이나 공격적인 반응을 보이기도 합니다.

돈에 대해서도 그렇습니다. 아이는 가정경제의 수준을 실제보다 더 높게 생각하는 경우가 많습니다. 그래서 돈이 없어서가 아니라 사주기 싫어한다고 오해할 수 있습니다. 이런 오해를 풀고 갈등을 없애려면 솔직하게 가정경제 상황을 알려주는 것이 좋습니다.

부모와 아이가 생각하는 가정경제 상황은 달라요

가끔 아이가 가정형편은 생각지도 않고 비싼 물건이나 옷을 사달라고 하면 만감이 교차할 것입니다. 선뜻 아이가 원하는 것을 사주지 못해 미안하기도 하고, 어떻게든 사달라고 떼쓰는 아이가 밉고 화가 날 수도 있습니다.

아이가 너무 돈 개념이 없는 것일까요? 성급하게 단정 짓지 말고 좀 더 깊숙이 들여다 볼 필요가 있습니다.

서울대 곽금주 교수의 연구 '부모-청소년 경제인식조사(ebs 다큐프라임 자본주의 3부)'에 따르면, 청소년기의 아이들은 가정의 사회적 수준과 소득수준을 부모들이 생각하는 수준보다 높게 인식하고 있는 것을 확인할 수 있습니다.

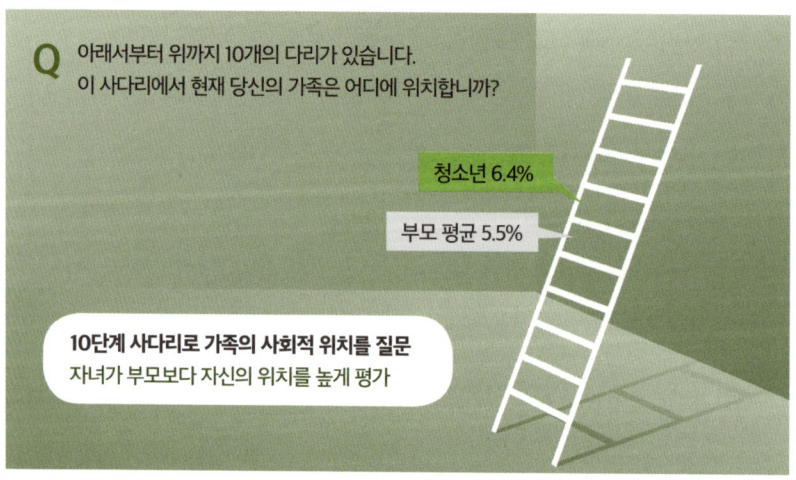

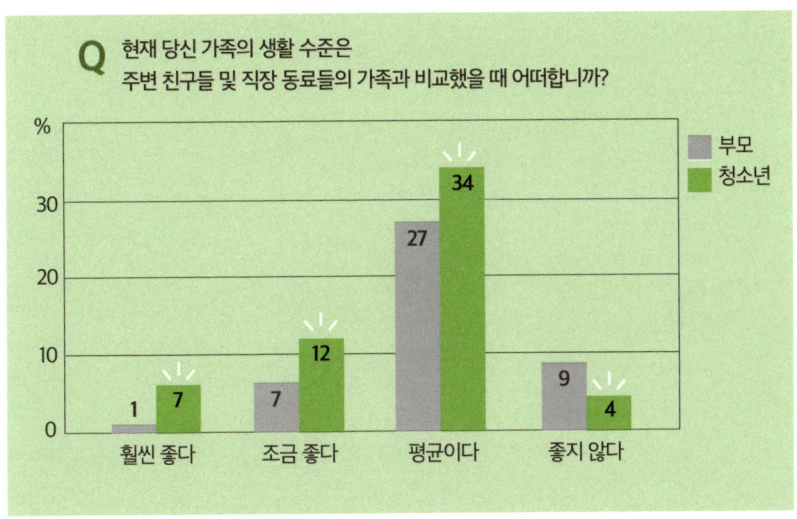

가정생활의 수준에 대한 인식도 마찬가지였습니다. 아이들은 부모가 생각하는 것보다 생활수준이 훨씬 풍족하다고 인식하고 있었습니다. 그러니 아이들이 실제 가정경제 수준보다 더 많은 경제적 지원을 받을 수 있다고 기대하는 것도 무리는 아닙니다. 기대가 충족되지 못했을 때 부모 말을 믿지 않는 것도 어찌 보면 당연합니다.

아이들이 이런 오해를 하는 이유는 무엇일까요? '세상을 잘 모르고 순진해서'라고 생각하실 수 있지만 제가 보기엔 부모가 아이를 너무 사랑하기 때문인 것 같습니다.

"나는 못한 것들 우리 애는 원 없이 하게 해주고 싶어요."

"저는 1,000원짜리도 10번 고민하고 쓰지만 애가 필요한 건 바로바로 구입하죠."

"어디 가서 돈 때문에 기죽이고 싶지는 않았어요."

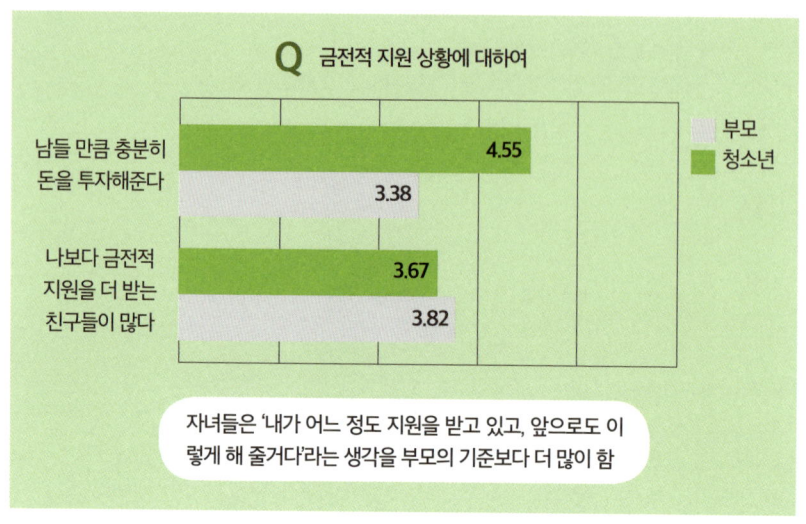

많은 부모들이 이런 생각을 하실 겁니다. 그래서 아이들에게 가정의 경제 상황이나 부모의 지출 원칙, 소비에 대한 철학이나 선택의 기준과 방법 등은 거의 이야기하지 않았을 거예요. 그 결과 아이들이 실제보다 가정경제 수준을 높게 인식하고, 현재 어느 정도 경제적 지원을 받고 있다고 생각하고, 앞으로도 그렇게 받을 수 있을 것이라 생각하게 된 것입니다.

이처럼 아이들이 가정의 경제적 상황에 대해 잘못된 판단을 내리고 있는 것은 단순히 철이 없거나 청소년기의 단점들 때문이 아닙니다. 잘못된 정보를 제공받거나 가정의 경제적 상황에 대한 정보가 부족한 것이 주 원인입니다.

부모와 자식 간이라도 돈 문제를 잘못 풀면 오해나 갈등이 생기기 쉽습니다. 다툼이나 갈등 없이 합리적인 대화를 통해 조정·협의하기 위해서는 '정확한 정보를 공유'하는 것이 중요합니다.

부정확한 정보는 오히려 독이 될 수 있어요

"우리 아이는 돈 문제에 대해 전혀 아는 것이 없어서 걱정이에요."

제가 진행하는 경제교육 첫 시간에 부모들이 많이 하는 말입니다. 아이가 돈을 너무 몰라 경제교육을 시키고 싶다고 이야기합니다. 그런데 실제로 교육을 시작하고, 다양한 돈과 관련된 이야기를 시작하면 아이들은 앞 다투어 자신들이 알고 있는 것을 늘어놓습니다.

"엄마가 이야기하는 거 들었는데요. 선생님, 우리 아빠 월급은 얼마예요."

"저도 이모랑 엄마가 얘기할 때 옆에서 들었어요. 우리 집은 맨날 적자래요."

"어, 우리 집 빚은 1억이래요."

"아빠가 전화로 그러던데요? 이번에 주식투자를 했대요."

어떻게 알았을까요? 직접 이야기해 주지 않아도 아이들은 가정의 경제 상황에 대한 부모의 수다나 대화를 매우 주의 깊게 듣고 기억해둡니다. 직접 아이에게 이야기해 주지는 않았지만 이러한 비공식적인 경로를 통해 알게 되는 것이죠. 때문에 부모는 아이가 어떤 정보를 어느 정도 알고 있다는 사실을 잘 인식하지 못하는데다, 중간 중간 어렵게 주워들어 알게 된 정보는 부정확하고 부실한 내용일 경우가 많습니다.

예를 들면, 아빠의 월급은 들었지만 매월의 가계수지가 적자인지 흑자인지에 대해서는 모릅니다. 또한 가계의 부채 규모는 알지만 매월 얼마를 상환해야 하는지는 전혀 알지 못하는 것이죠.

이런 식으로 비공식적인 경로를 통해 아이들이 부정확한 정보를 알게 되면 가정의 경제 상황을 막연히 낙관하거나 반대로 막연히 부정적인 이미지로 기억할 수 있습니다.

어느 쪽이든 아이에겐 좋지 않습니다. 낙관도 비관도 정확하지 않은 사실에 기초하는데다 부모의 행동과 결정에 대해 신뢰하기 어렵게 만들기 때문입니다.

아이가 가정경제 상황을 막연히 낙관하는 경우 자신이 원하는 소비활동을 부모가 들어주지 않으면 부모가 능력이 충분한데도 일부러 안 들어준다고 불만과 불신을 갖게 됩니다. 그로 인해 다툼과 충돌이 많아지기도 합니다.

반대로 가정의 경제 상황에 대해 부정적인 이미지를 갖게 된 경우 많은 아이들이 공포와 불안을 느낄 수 있습니다. 돈이 필요한 경우 좌절하며 지레 포기하려 들 수도 있습니다.

가정의 경제 상황에 대해 대화나 소통을 한 적이 없기 때문에 아이는 자신이 가진 불안과 공포에 대해 부모에게 이야기하지 못합니다. 아이들도 자신이 비공식적인 채널로 정보를 얻은 것임을 압니다. 그래서 더더욱 솔직하게 물어보거나 확인하지 못해 공포와 불안은 가중됩니다. 게다가 아이들은 스스로 해결할 수 없는 문제라고 인식하면서 무기력해지고, 스스로를 무능력한 존재로 느끼기도 합니다.

이런 인식이 가중되면서 많은 아이들이 가정의 경제문제를 모른척하거나 부모의 경제적 무능력을 공격하는 형태로 자신의 불안과 공포를 전가하려고 하는 경우도 발생합니다.

아이가 질문하면 솔직하게 알려주세요

아이가 가정경제 상황에 대해 낙관하거나 부정적으로 생각하는 데는 부모들의 책임도 있습니다. 평상시 아이들이 가정의 경제 상황에 대해 질문할 때 많은 부모가 객관적인 정보를 알려주기보다는 "넌 몰라도 돼, 그런 건 왜 묻니?, 공부나 열심히 해"라는 대답으로 아이의 질문을 물리치고 차단해 버리기 때문입니다.

기억해야 할 것은 아이가 가정의 경제 상황에 대해 질문을 한 시점이 바로 우리 가정의 경제 상황을 공유하고 함께 설계하기 위한 교육과 훈련을 시작할 수 있는 적기라는 것입니다. 하지만 많은 부모가 아이가 궁금해 할 때 자세히 대답해주지 못합니다.

왜 그럴까요? 아이에게 가정의 경제 상황을 어떻게 이야기하면 좋을지 몰라서 일 수 있습니다. 특히나 가정경제 상황이 좋지 않으면 아이가 불필요한 열등감을 가지거나 걱정을 하게 될까봐 더더욱 말하기가 어렵습니다.

하지만 이런 걱정 때문에 아이들에게 정확한 정보를 주지 않는 것은 아이들을 막연함 속에서 더 힘들게 만들고, 미래에 관해 근거 없는 공포와 불안을 키우거나 과도한 낙관과 기대로 부모와 대립하거나 좌절하게 만들 위험을 더 키울 수 있다는 것을 알아야 합니다. 이런 부작용이 생기면 아이와 부모 사이의 신뢰는 깨지고, 소통이 어려워질 수 있습니다. 그래서 더욱 '정직'해야 합니다. 우리 가정의 경제 상황을 정직하고 객관적으로 알려주어야 아이의 혼란을 덜어줄 수 있습니다.

아이가 성장기의 아주 중요하고 혼란스러운 시기, 하지만 매우 빠르게 성장하는 시기에 들어섰다는 점을 기억하며 가정의 경제교육 역시 수준을 달리해야 할 시기가 온 것입니다. 이제 아이에게 당당히 가족의 구성원으로서 가정경제의 상황을 함께 알고 고민하며 결정하는 과정에 참여하게 되었다는 것을 알려주어야 하는 시간이 된 것이지요.

가정경제를 공유하기 전에 준비가 필요해요

아이에게 가정경제를 공유하는 일은 마음만 먹으면 바로 할 수 있는 일이 아닙니다. 아이가 가정경제를 잘 이해하게 하려면 몇 가지 사전 작업이 필요합니다. 아이에게 전달할 정보의 내용과 수준을 먼저 고민하고 정리해두어야 하는 것이죠.

1. 가계의 수입과 지출 목록을 작성해요

기본적으로 가계의 월평균 소득액, 필수 지출 항목(식비, 각종 공과금, 교육비, 보험료 등 매월의 고정지출비용)과 금액, 비정기적인 지출 항목(의류비, 미용실이나 외식비, 경조사비, 세금 등)과 금액 등을 정리해야 합니다.

매월 저축을 얼마나 하는지 그리고 부채는 얼마나 있는지도 포함시켜야 합니다. 저축은 금액만 알려주는 것이 아니라 미래 예상하고 있는 사용처도 함께 알려주는 것이 좋습니다. 부채는 가정의 총 부채를 알려주는 것보다는 매월 상환하고 있는 이자와 원금을 알려주는 것이 더 좋습니다.

<가계 지출 목록 예시표>

소 득	원 (평균금액으로 기재)
항 목	금 액(월평균금액으로 기재)
주거비	
식비	
교육비	
교통비	
명절/생일/제사	
사회보험료	
미용실/화장품	
여행	
의류/신발/가방	
가족용돈	
통신비	
보장성보험료	
이자/금융비용	
여가/외식	
문화생활비	
저축	
합 계	

아주 꼼꼼히 매월의 가계부를 작성하고 결산하는 작업을 해온 가정이라면 바로 아이에게 알려줄 수 있을 것입니다. 하지만 그렇지 않은 경우라면 부부가 함께 미리 정리하고 계산해 보아야 합니다. 249쪽에 있는 가계 지출 목록 예시표를 참고하여 지출을 분리하여 파악해 보면 조금 덜 복잡하게 작업을 진행할 수 있을 것입니다.

이 작업은 아이에게 알려주기 위해 시작한 것이지만 부부가 막연히 알고 있다고 생각한 가정경제의 현실을 함께 파악하고 점검하는 기회가 되기도 할 것입니다. 특히 이제 아이가 초등학교 고학년이 되는 가정은 지출의 형태와 규모가 이전과는 많이 달라집니다. 아이의 진로에 대한 고민과 함께 우리 가족의 재무상황을 점검하고 방향을 새롭게 결정하는 출발점이 될 것입니다.

2. 평균적인 가정의 재정상황을 알려주세요(연간 현금흐름표 준비)

월평균 소득과 매월의 평균 지출액만 알려주는 것만으로는 부족합니다. 이를 기본으로 가계의 결산상황이 적자인지 흑자인지 설명하고, 부모가 실천하고 있거나 계획하고 있는 대안과 문제들에 대해 이야기해 주어야 합니다. 재정상황을 한 눈에 볼 수 있게 해주는 것이 연간 현금흐름표입니다.

예를 들어 흑자라면 남는 자금을 어떤 방식으로 운용하고 있으며, 앞으로 발생할 재무사건, 예를 들어 아이의 교육비, 주거이전을 위한 비용(주택구입이나 전세보증금 증액을 대비한다든지)을 대비한 준비를 하고 있는지 등에 대해 간단히 이야기해 줄 수 있어야 합니다. 반대로 가정의 재무

상황이 적자라면 현재 상태의 적자규모를 알려주고 이러한 문제를 해결하기 위해 부모가 어떤 노력과 준비를 하고 있는지 알려주는 것이 좋습니다.

또한 적자를 해결하려는 부모의 노력에 덧붙여 아이가 함께 할 수 있는 노력에 대해서도 이야기해 줄 필요가 있습니다. "넌 걱정하지 말고 공부나 열심히 해"라고 이야기하는 것보다는 "엄마 아빠가 함께 이런 저런 노력을 하고 있으니 너무 큰 걱정은 하지 않았으면 좋겠어. 그리고 엄마 아빠를 돕고 싶은 마음이라면 너의 할 일을 우선 스스로 잘 해주고, 작은 절약(사람 없는 방에 불 꺼주기, 컴퓨터 안 할 때 전원 꺼주기 같은 예시를 들어주세요)을 함께 해주면 정말 고마울 거야. 작은 일 같지만 실제 우리 집 지출을 줄이는 데 도움이 되고, 엄마 아빠가 신경 쓸 일이 줄어드는 것이기도 하거든" 이렇게 구체적으로 이야기해 주는 것이 더 좋습니다.

이러한 정보가 아이에게 너무 어렵고, 아이를 힘들게 하지 않을까 걱정할 수 있습니다. 그러나 부모가 가정의 경제 상황에 대한 정보를 무조건 차단하면 아이들은 무력감을 느끼고 체념해버리게 됩니다. 또한 아이들은 살아가면서 맞닥뜨리게 될 다양한 경제적 문제에 대한 해결방안을 학습할 수 있는 기회를 박탈당한 채 성장하게 될지도 모릅니다. 부정확한 정보와 해결능력의 부족(무력감)으로 인해, 아이들은 자신이 이해하기 어렵거나 견디기 힘든 상황이 되어간다 싶으면 위험을 느끼면서도 모른척하며 무책임하게 행동하게 되기도 합니다.

아이가 앞으로의 인생에서 필연적으로 경험하게 될 경제적 문제와 순간순간의 어려움을 스스로의 힘으로 책임감 있게 해결해 나가기를 원한다면 현재의 문제를 솔직하게 공개하고 함께 토론할 수 있는 용기를 가져야 합니다.

연간 현금흐름표							
항목		1월	2월	3월	4월	5월	6월
수입 파악하기	정기수입(월 기본급여)						
	변동수입(수당, 비정기적인 소득)						
지출 파악하기	정기지출 (비정기지출 제외한 것)						
	비정기지출 (여행, 경조사비, 의류비, 차보험, 세금, 가구가전 등)						
	월 저축총액						
합계							
항목		7월	8월	9월	10월	11월	12월
수입 파악하기	정기수입(월 기본급여)						
	변동수입(수당, 비정기적인 소득)						
지출 파악하기	정기지출 (비정기지출 제외한 것)						
	비정기지출 (여행, 경조사비, 의류비, 차보험, 세금, 가구가전 등)						
	월 저축총액						
합계							

3. 앞으로 가족의 경제 상황과 소비계획 등을 세우는 일에 아이의 의견을 수용할 것임을 알려주세요(지출 목록표를 예산서로 작성하면 됩니다)

우리 집의 경제 상황 정보를 대략적으로 전달하고, 앞으로의 계획을 설명해 준 다음에는 매월 혹은 필요하다고 생각되는 시기에 맞추어서 가족회의를 겸한 가족예산 수립을 위한 시간을 가져야 합니다. 초기에는 매월 하는 것을 권합니다. 매월 말이나 가족의 주요 소득이 들어오는 날 즈음에 맞춰도 괜찮습니다.

가족회의를 할 때는 우선 그달의 소득과 고정된 지출액수를 제외한 나머지 금액을 알려줍니다. 그런 다음 남은 금액으로 지출해야 할 여러 가지 비용(식비, 비정기적인 지출, 가족행사, 추가적인 교육비 등)에 대해 가족 모두의 의견을 수렴해 조정하는 작업을 합니다.

예를 들면 그 달의 소득에서 고정지출(공과금, 저축, 대출금, 고정 교육비(학원비, 학교 관련 비용), 세금 등)을 제외하고 남은 금액만을 가지고, 나머지 변동지출(식비, 외식비, 의류비, 잡화 관련 비용, 추가적인 교육비(가족 취미생활 등), 경조사비 등)에 대해 배분하는 작업을 진행할 수 있습니다.

아이와 함께 가정경제를 협의한다는 것은 쉬운 일이 아닙니다. 아이가 자유롭게 의견을 이야기할 수 있는 평등한 대화 분위기가 조성되어 있어야 하고, 관계를 잘 풀어가는 기술도 필요합니다.

아이가 아직 이런 종류의 대화와 결정과정을 경험한 적이 없는 초기에는 모든 지출의 결정에 대해 아이의 의견대로만 결정될 수 없다는 점을 알려주어야 합니다.

또한 아이는 대부분의 지출 항목에 대해 부모가 제시해 주는 한 달의 필요 액수를 잘 납득하지 못할 것입니다. 특히 식비와 외식비, 경조사비 등이 그렇습니다. 아이들은 개별 제품의 가격은 알고 있지만 한 달 단위의 합산을 해본 경험은 없기 때문에 발생하는 현상입니다. 따라서 기존의 지출 규모를 알려주고, 예를 들어가면서 설명해 주는 것이 중요합니다.

또한 가족회의 초기에는 아이들이 자신의 욕구를 위한 소비에 집중하는 모습을 많이 보일 것입니다. 예를 들어 자기 용돈만 늘리려고 하거나 추가 제품 소비에서도 자기가 원하던 것을 우선 넣으려고 하는 것이죠. 이런 모습은 이기적인 것이 아니라 자기 욕구에 충실한 당연한 모습이라 생각해 주셔야 합니다.

이때 부모가 '자기 욕구를 주장하는 것이 이기적이라거나 부당하다'는 신호를 보내는 것은 좋지 않습니다. 가족의 한정된 소득과 자원을 가지고 '가족 전체가 골고루 욕구를 실현하기 위한 방법을 찾아야 한다', 즉 아이의 욕구도 소중하지만 가족 전체의 욕구(함께하는 활동계획과 공용물품의 구입과 소비)와 엄마 아빠의 개인적인 욕구(부모의 취미나 사회적 관계에 필요한 비용)도 똑같이 소중하다는 것을 알려주어야 합니다. 그래야 '① 대체소비 ② 지연 소비 ③ 우선순위의 결정 ④ 절약과 미래를 위한 저축' 등을 통해 한정된 소득을 효과적으로 배분하는 연습을 할 수 있습니다. 가족관계를 보다 책임 있는 관계로 인식하는 데도 도움이 됩니다.

4. 향후 중요한 재무사건과 준비의 방향을 공유해요

살다 보면 매월 나가는 돈 이외에 큰돈이 들어갈 일이 종종 생깁니다. 아이가 대학을 간다든가 해외연수를 가는 등의 진로도 포함됩니다. 이런 중요한 일들을 위해 자금을 어떻게 준비할 것인지 함께 고민하는 시간을 갖는 것이 중요합니다. 그러려면 현재의 자산상태표를 작성하고, 이것을 참고하여 저축 계획을 함께 세워볼 필요가 있습니다.

자산상태 파악하기(자산상태표)

자산		부채	
항목	금액	항목	금액
부동산(자기자금)		자동차 할부금	2,100만 원 (현재 잔액)
자동차(현재 중고차 판매 시 가격)	2,000만 원	주택 대출금	
저축1		마이너스 통장	
저축2			
저축3			
보험1 (현재 해약 시 환급금)			
보험2			
보험3			
합계		합계	

* 대출금은 현재 시점의 잔액과 이자율 적기
* 부동산(자기자금)은 상환한 대출원금을 포함하여 자신이 부담한 액수를 기록하기
* 자동차의 가액은 현재 시점을 기준으로 중고차로 판매한다면 얼마를 받을 수 있는지 확인하고 기록하기
* 보험은 해약 시 받을 수 있는 환급금액을 기록하기(앱에서 확인 가능)
* 저축기록은 저축 목표를 함께 기록하며, 적금의 경우 현재 납입 총액을 기록하고, 정기예금 역시 현재 맡긴(예탁한) 금액 총액을 통장별로 기록하기
* 선체 자신을 +로, 부채를 -로 분리하여 합계 계산하고 확인하기 필요
* 자산파악은 6개월에서 1년에 한 번씩 정기적으로 하는 습관이 필요함

우리 가족의 저축 계획			
저축 목표	목표금액÷실행시기까지 남은기간 (개월)	월 저축액	금융상품
1. 대학교육비			적금
2. 독립준비금			적금
3. 차량교체			적금
4. 비상금			파킹통장
5. 주거비(보증금 또는 주택구입)			
6. 가족여행 경비			
7. 노후준비	국민연금		
	개인연금		
합계			

* 다양한 우리 집의 재무사건을 예상하고 추가·변경하기
* 목표하는 저축 계획을 실현하기 위해서는 현재 소득을 기준으로 생활비 예산을 지킨다는 전제가 중요하고, 또한 현재 보유하고 있는 자산을 생활비에 사용하지 않고 잘 지켜야 한다는 것을 알려주는 것이 필요함
* 아이의 진로에 맞춘 재무사건(대학학자금, 독립준비)에 대한 준비와 함께 부모의 노후, 직업 변경(중장년기에 대한 준비 등)의 사건에 대한 준비와 계획도 들어가야 한다는 것을 조금씩 알려주고 반영하는 것이 필요

가정경제 FAQ

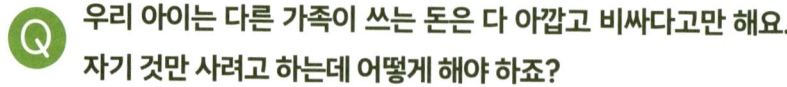

Q 우리 아이는 다른 가족이 쓰는 돈은 다 아깝고 비싸다고만 해요. 자기 것만 사려고 하는데 어떻게 해야 하죠?

아이의 마음은 '내 돈은 아까워서 쓸 수가 없어'라고 설명되겠네요. 이

런 종종 아이들이 있습니다. 용돈 훈련 과정에서도 비슷한 모습을 설명한 일이 있습니다. 그때와 마찬가지로 내가 갖고 싶은 마음을 우선해서 해결해야 하니 대신 부모나 다른 가족이 사용할 몫의 돈을 쓰는 것이죠.

용돈과 다른 점은 좀더 큰 규모의 돈이고, 분명 가족이 함께 사용해야 하는 것임을 알려주었는데도 자신만 우선하고 있다는 것입니다. 반드시 고치고 넘어가야 할 부분이기도 합니다.

이런 모습을 보는 부모의 마음은 복잡하실 거예요. 아무리 부모의 돈이지만 다른 사람의 필요는 생각하지 않고 자신의 욕구를 해결하려는 모습이 좋아 보이지 않는 거죠. 아마도 '아이가 커가면서 달라질 거야' 하고 생각하는 마음과 '이기적이고 가족에게 인색한 모습이 굳어지지 않을까 염려되는데 어쩌지?' 하는 마음도 있을 겁니다.

이 경우 결과적으로 아이는 '부모의 돈은 자기 것이 아니니 아낄 필요가 없다'고 생각하는 것일 수도 있습니다. 가족이 함께 살아가는 공동체라는 생각이 부족한 것일 수 있죠. 이런 모습은 자기 것에 대한 집착과 소유욕이 극대화되어 인색하고 이기적인 어른으로 성장하게 될 위험이 있다고 볼 수도 있습니다.

어떻게 해야 할까요? 다시 한번 경제교육의 원칙으로 돌아가서 알려주셔야 합니다. 우리 가족이 함께 살아가는 것이 중요하고, 그런 삶을 잘 꾸리고, 원하는 일에 잘 사용하기 위한 도구가 '돈'이라는 것을 알려줄 필요가 있습니다. 또한 원하는 일을 찾아내고 사용하는 연습을 하는 이유, 즉 예산을 세우고 집행하고, 결과를 평가하는 결산작업을 연습하는 이유는 앞으로 성인이 되어 다른 사람과 함께 살아갈 아이의 미래를 위한 준비라는 것을 말입니다.

돈을 원하는 일에 사용한다는 것은 자신의 욕구나 자기 것의 소비만을 의미하는 것이 아니라 가족이나 친구와 같은 사랑하는 사람을 챙기고, 마음을 표현하고, 세상을 바꾸는 일까지 다양하다는 것도 차근차근 이야기해 주셔야 합니다. 또한 노력의 대가로 얻어지는 것이 '돈'이라는 것, 자신의 노력과 시간을 들여 얻은 대가를 내 것이 아깝다고 다른 사람 것을 함부로 사용하려 해서는 안 된다는 것도 알려주셔야 합니다.

긴 시간을 들여서 해야 할 이야기지만 우선은 이렇게 차분하게 시작해 주시면 될 것 같습니다.

"○○아, 네가 열심히 돈을 모으고, 함부로 돈을 쓰고 싶어 하지 않는 건 알고 있어. 그 모습은 좋은 습관이라고 생각해. 하지만, 우리 가족의 지출 예산을 세울 때 너와 관련된 지출만 우선 할 수는 없어. 왜냐하면 이 돈은 우리 가족 모두에게 필요한 일에 사용해야 하는 것이거든, 거기엔 물론 ○○에게 필요한 것도 들어가지만, 엄마 아빠나 동생에게 필요한 것도 들어가야 하는 거야. 왜냐하면 우리는 함께 살아가는 가족이니까. 서로의 필요한 것을 채우고, 함께 이룰 수 있게 돕는 게 가족이라고 생각해. 네가 하고 싶은 일과 사고 싶은 것들을 예산에 잘 포함하기 위해 애쓰는 건 좋지만, 엄마 아빠와 동생 ○○이에게 필요한 것도 함께 생각해 주면 더 좋을 것 같구나."

"네가 원하는 일을 다른 가족에게 필요한 것보다 무조건 앞세우는 건 사실 좋은 모습은 아니야. 엄마 아빠는 너를 사랑하니까, 너에게 해주고 싶은 것들이 많지. 그래서 네가 원하는 것을 우선하여 고민하는 게 많기는 하지만 우리 가족은 엄마, 아빠, ○○이, 그리고 동생 ○○이도 있잖아. 또한 할머니, 할아버지 같은 챙겨야 할 어른이나 주변 사람들도 있어. 그분들이 ○○이한테 많은 사랑도 주시고, 선물도 주는걸 알고 있지? 우리 가족에게 보내주는 사랑과 선물만큼은 아닐지 몰라도, 우리도 그분들께 감사함을 표현하고 선물을 보내는 일도 가끔은 필요해. 그런데 그런 지출까지 반대하는 건 좀 보기 좋지 않은 모습이야. 그러니 네가 갖고 싶은 물건은 엄마 아빠랑 세우는 다음번 계획에 포함시켜보자. 큰 금액이 필요한 것은 저축으로 준비해도 되고, 다른 방법들도 찾아볼 수 있으니까. 알았지?"

이렇게 이야기해 주시고, 가족의 지출 계획과 실행을 잘 세우는 회의를 해 주시면 도움이 될 것입니다.

Q 아이가 고학년이 되면서, 우리 집이 부자인지, 진짜 우리 집인지 부쩍 가정의 경제 상황에 대한 질문을 많이 합니다. 왜 그러는 걸까요?

이런 상황에서 어떤 부모들은 혹시 우리 아이가 가정경제 상황 때문에 따돌림을 당하는 것은 아닌지 걱정하시곤 합니다. 워낙 민감한 시기인지라 부모의 염려가 이해가 됩니다.

하지만 대부분의 경우는 그저 아이들 사이에 그 주제가 화제가 되고 있는 것 정도의 상황입니다. 아마도 한두 아이가 아빠의 월급이 얼마라고 이야기를 한다든지, 자기가 살고 있는 집이 전세니, 자기 집이니, 은행에

빚이 있다느니 하는 이야기를 했을 것입니다.

부모의 생각과는 달리 아이들은 자신과 직접적으로 연관된 상품이 아니면 그 금액의 크기나 중요도, 위험성 등을 잘 인식하지 못합니다. 예를 들면, 초등학교 고학년 수업 때 "가족의 소득이 월 400만 원입니다. 이 금액은 4인 가족이 한 달을 생활하는 데 충분할까요? 부족할까요?"라고 질문을 던지면 제각각 다른 답을 합니다. 그리고 "우리 아빠는 얼마를 받는데요?"부터 시작해 "우리 집은 빚이 얼마래요~!"까지 다양한 외침이 들리죠. 그 속에서 이기는 아이는 내용과 상관없이 가장 큰 숫자를 이야기한 아이입니다.

어떤 상황인지 이해가 되시죠? 액수도 들어봤고, 들어오는 돈인지(월급) 나가는 돈인지(빚)도 알지만, 그 무게나 위험성은 전혀 모르고 있는 것입니다. 또한 자신이 말하는 가정경제와 관련된 정보가 얼마나 중요하고 민감한 것인지도 잘 모르고 있다는 반증입니다(생각보다 일찍 철이 들어서 이런 정보의 의미를 잘 알고 있는 아이들은 이렇게 커다랗게 떠들지 않거든요).

그러니 아이가 가정경제와 관한 이야기를 해도 너무 민감하게 반응하지 마시고 간략하고 담백하게 알려주면 좋습니다. 또한 이 기회에 이런 경제적인 정보가 대단히 중요한 것이며, 다른 사람들 앞에서 함부로 떠드는 건 좋지 않다는 이야기도 해주시면 좋겠습니다.

엄마 우리 집은 진짜 우리 집이야?

민준이가 5학년이 되었을 때 갑자기 이런 질문을 한 적이 있습니다. "엄마, 우리 집은 진짜 우리 집이야?"

질문이 너무 귀엽기는 했지만 저도 조금 긴장하여 되물었습니다. "으응? 그건 무슨 뜻일까? 우리가 살고 있는 집을 빌린 건지, 산 건지 묻는 거야?"

"응, 그거 그거~!"

"그래, 우리 민준이가 그게 궁금했구나. 근데 갑자기 왜 궁금해진 건데?"

"으응~ 재원이가 오늘 학교에서 자기네 집은 진짜 자기 집이라고 그랬거든. 근데, 나는 우리 집이 어떤 건지 몰라서 아무 말도 못했어."

이제 핵심이 보이네요. 민준이는 그저 친구의 아는 척에 대꾸를 못해 아쉬웠던 거예요.

"아, 그래서 궁금해졌구나. 일단, 우리는 집을 산 거야. 근데 꼭 집을 사야만 진짜 자기 집이라고 이야기 할 수 있는 건 아니야. 집을 구하는 방법은 여러 가지가 있거든. 큰돈을 주고 살 수도 있고, 필요한 기간 동안만 정해서 빌리는 방법도 있어. 만약 한집에서 오래 살고 싶지 않다면 사지 않고 적당한 돈을 주고 빌리는 게 더 좋을 수도 있거든. 그러니까 언제나 우리 가족이 살고 있는 집이 진짜 우리 집이라고 이야기하는 게 더 좋을 것 같네. 엄마 생각에는 말이야"

"그래? 알았어. 우리 집은 산 건데, 우리가 살고 있으면 그게 우리 집이란 거지?"

"응"

이후에도 간간히 아빠의 월급은 얼마인지, 우리 집에는 빚이 있는지, 있다면 얼마인지, 우리 집은 부자인지 가난한지 등을 종종 물었습니다. 대부분은 정직하게 대답해 주었어요. 예를 들면 "아빠의 월급은 ○○인데, 우리 집의 지출은 ○○정도라서 우리가 필요한 일에 사용하고, 미래를 준비하는 데 큰 무리는 없단다" 하는 식으로요.

6학년이 되면서부터는 가족의 경제 상황을 함께 공유했기 때문에 질문은 사라졌죠. 그리고 이런 대화를 하면서 항상 우리 집의 가정경제와 관련된 정보는 굉장히 중요한 것이라 이제부터는 다른 사람에게 함부로 알려주거나 이야기해서는 안 된다는 깃을 당부했습니다.

에필로그

아이들의 행복한 미래는 경제교육이 만듭니다

초등학생들을 대상으로 경제교육을 하다 보면 아이들이 돈에 대해 잘못된 인식을 하고 있어 안타까울 때가 많습니다. 제대로 된 경제교육을 받지 못하고, 어른들이나 TV나 인터넷과 같은 매체를 통해 경제와 관련된 내용을 접했기 때문이라 생각합니다.

한 예로 경제교육 현장에서 아이들에게 저축 계획을 세워보는 설문을 진행하면, 대다수의 아이들이 '① 대학교 학비 마련하기 ② 내 집 마련하기'를 적어내곤 합니다. 가계의 지출비용 중 필수비용으로 보장성 보험료(사적 보험)를 저축보다 우선하여 생각하는 아이들도 많습니다.

아직 어린 아이들이 마치 어른처럼 교육비와 주거비에 신경 쓰는 이유는 아마도 어른들의 경제적 고민을 여과 없이 들었기 때문일 것입니다. 돈이 주는 압박감과 공포감 때문에 "전 결혼도 안 하고, 아이도 안 키울 거예요. 아기 낳는 건 미친 거예요. 돈이 얼마나 많이 드는데요", "우리 엄마가요, 요즘 싼 거는 사람밖에 없데요", "저축을 해서 어떻게 집을 사요. 선생님, 투자를 해야 한대요"라는 말도 많이 합니다.

이런 막연하고 터무니없이 커진 공포에 질린 아이들의 모습을 마주할 때마다 제 마음은 착잡하기만 합니다. 아이들이 이런 말을 한다는 것은 이미 우리 아이들이 자신의 미래에 대해, 안정적인 가정을 꾸리고 사랑스런 아이를 양육하며, 좋아하는 일을 직업으로 가져 안정적인 소득을 유지하고, 자신의 편안한 주거 공간을 만들어 나갈 수 있을 것이라는 기대를 포기했다는 표현입니다.

이런 아이들에게 다시 안전한, 안정된, 자유롭게 꿈꾸는 미래를 선물하려면 돈에 대한 공포감부터 없애주어야 합니다. 어떻게 해야 할까요? 저는 경제교육, 즉 돈을 관리하고 저축하는 경험이 아이들을 공포에서 벗어나게 하는 데 도움이 될 것이라 생각합니다. 작은 목표부터 성취하는 저축 계획의 실천과 성공 경험은 장기적으로 아이들에게 자신의 미래를 실현 가능하고 성취할 수 있는 것으로 인식하도록 도와줄 것입니다.

경제교육은 5세부터 시작할 수 있습니다. 이 책에서는 5세부터 13세까지 단계별로 어떻게 경제교육을 할 것인지 정리했습니다. 초등학교를 졸업할 즈음이 되면 아이는 가격을 아는 일부터 시작하여 예산을 세우고, 실행하고, 평가와 결산을 하는 과정을 경험했고 스스로 할 줄 알게 되었을 것입니다. 매년 한 가지씩 추가되는 활동을 통해서 돈을 관리하고 욕구를 조절하는 연습을 해왔고, 스스로 중요하게 여기는 지출을 구별하고, 미래를 준비하는 저축도 연습했습니다.

부모와 협상하는 연습도 많이 해왔습니다. 그리고 이제는 우리 가족의 재정상태와 앞으로 준비하게 될 재무사건을 공유하고 함께 방향을 정하는 일에도 참여할 수 있게 되었습니다.

이제 중·고등학교에 들어가는 아이는 또 많은 변화와 사건을 맞닥뜨

리겠지만, 자신이 원하는 일을 실행하는 데 필요한 도구와 그 도구를 현명하게 준비하고 사용하는 방법에 대해서 스스로 잘 알고 있다는 자신감을 가지고 있을 것입니다.

앞으로도 배워야 할 경제지식(금융, 제도, 계약, 법)이 물론 많이 있겠지만 가장 기본이 되는 것을 단단하게 연습하고 익힌 우리 아이는 잘 소화할 체력과 능력이 있습니다.

잘 성장하고 있는 아이를 믿고, 뚜벅뚜벅 걸어 나갈 수 있도록 우리 아이들의 뒤에서 응원하고 지켜보는 부모가 되시기 바랍니다.

왕성한 생명력을 자랑하는 여름 문턱에서

민인엽